ER DU I TVIVL?

**EN BOG FOR ADVENTIST-TROENDE,
DER HAR MISTET GNISTEN**

REINDER BRUINSMA

ER DU I TVIVL?
© Reinder Bruinsma 2017
Originaltitel: FACING DOUBT
Dansk oversættelse: Walder Hartmann
Korrektur: Birthe Bayer og Lillian Sandbeck Jensen
Design af omslag: Mervyn Hall, Alphen aan den Rijn, Holland
Lay-out: Pre Press Buro Booij, Maarsbergen, Holland
Tryk: Lightning Source, La Vergne, TN, USA

Bibeltekstteksterne i denne bog er hentet fra den autoriserede oversættelse, © Det Danske Bibelselskab 1992 – medmindre andet er angivet.

ISBN 978-0-9935405-7-8

Enhver kopiering fra denne bog må kun ske efter reglerne i lov om ophavsret af 14. juni 1995 med senere ændringer.

Udgivet af: Flankó Press, London

Indholdsfortegnelse

Forord 7
Forord til dansk udgave 9
Kapitel 1. Skal jeg blive eller gå? 10

A. SPØRGSMÅL, USIKKERHED, TVIVL

Kapitel 2. Kristendommen i krise 20
Kapitel 3. De seneste tendenser inden for adventismen 31
Kapitel 4. Er der i grunden en Gud? Helt alvorligt? 54
Kapitel 5. Kan jeg stadig tro på dette? 71

B. OM AT SE TVIVLEN I ØJNENE OG AT FINDE FREM TIL SVAR

Kapitel 6. Et spring i tro 96
Kapitel 7. Hvorfor skal vi stadig blive i menigheden? 119
Kapitel 8. Hvad er jeg nødt til at tro på? 135
Kapitel 9. Hvordan klarer man sin tvivl? 154

C. NOTER OG HENVISNINGER 173

Forord

Denne bog er skrevet af en syvende dags adventist for syvende dags adventist kristne. Det er imidlertid ikke en bog, der er udgivet af Adventistkirken, og den er heller ikke udgivet af et af Adventistkirkens forlagshuse. Jeg har ikke engang forsøgt at få den udgivet gennem kirkens officielle kanaler, selv om det har været tilfældet med mine tidligere bøger. Denne bog er anderledes, og jeg ved, at det ville være vanskeligt for beslutningstagerne på et adventistforlag at give grønt lys for den, selv om de personligt deler dens synspunkter. Jeg værdsætter muligheden for at kunne udgive den gennem forlaget Flankó Press i Binfield (UK).

Målgruppen for denne bog er den gruppe af adventister, som jeg hele tiden vil henvise til som dem, der har mistet gnisten. Jeg har skrevet med dem i tanke, som har deres tvivl og bekymringer, som spekulerer på, hvor deres kirke er på vej hen, og som har svært ved at bevare troen på en fremtid.

Jeg er selv sårbar på dette område. Helt ærligt, er der mange forhold i min kirke, som jeg ikke bryder mig om. Jeg har også min tvivl og mine ubesvarede spørgsmål. Jeg er kritisk i forhold til nogle af kirkens ledere og til de tendenser, som jeg ser. Jeg er bekymret over den retning, som store dele af kirken synes at bevæge sig i. Der er sikkert nogle, der ikke bryder sig om dette, men jeg løber den risiko, fordi jeg tror, at jeg har noget at sige, der kan hjælpe mange af tvivlerne i vore rækker.

Manuskriptet til denne bog er blevet læst af et antal venner og kollegaer, som har givet mange nyttige kommentarer. Deres meninger er meget værdsat. Som altid, har min kone Aafje læst manuskriptet, og hun har luget nogle klichéer væk og hjulpet mig til at forbedre teksten. Jeg takker også fru Jonquil Hole, der igen villigt har hjulpet mig med at redigere en af mine bøger.

Overfladisk set kan det synes, at jeg er temmelig negativ over forhold i min kirke, og at jeg er pessimistisk, når det gælder dens fremtid. Dette er imidlertid en forkert konklusion. Jeg er ikke ved at opgive min kirke, men jeg forsøger at se det hele lidt på afstand. Jeg tror, at nuværende skyer kan blæse væk, og at nye vinde kan begynde at blæse. Det sidste jeg ønsker er at så mismod hos mine læsere ved at analysere krisen i kristendommen generelt, og i adventismen i særdeleshed. Jeg håber derimod af hele mit hjerte, at min bog kan hjælpe i det mindste nogle læsere til igen at få gnisten til at fænge, så de kan blive glade for deres menighed

Jeg har skrevet denne bog, fordi jeg har sympati for alle dem, der har mistet gnisten. Jeg har dog ikke den illusion, at jeg kan fjerne al tvivl. Jeg håber og jeg beder imidlertid om, at kunne hjælpe dem, der læser bogen til at prioritere forhold i deres troserfaring og i deres tilknytning til menigheden, så de kan lære at leve kreativt med deres uvished og tvivl.

Zeewolde, Holland
Sommeren 2016

Forord til den danske udgave

Enkelte læsere af denne bogs engelske udgave har været temmelig kritiske, og der er endda nogle, der har antydet, at jeg ikke længere burde kalde mig selv adventist. Disse har også givet udtryk for, at jeg i det mindste burde aflevere min præstebevilling. Bogen er dog også blevet mødt med stor interesse og taknemlighed. Mange af dem, der befinder sig i 'kirkens grænseland', har skrevet til mig eller på anden måde givet til kende, at de genkender deres egen situation, i det de læser. De er glade for, at jeg åbent har taget hul på problemstillinger, som de kæmper med. Mange har også tilkendegivet, at læsningen af denne bog har hjulpet dem. Nogle har endda afsløret, at bogen har inspireret dem til at genoptage deres menighedsliv på en mere konstruktiv og meningsfyldt måde.

Bogen er nu blevet udgivet på flere forskellige sprog, og man er i gang med at oversætte til endnu flere. De reaktioner, som kommer fra forskellige dele af verden, fortæller mig, at den opfylder et behov, og at jeg ved at skrive denne bog har taget hul på en 'tjeneste', som viser sig at være til velsignelse for mange. Jeg er glad for, at der nu også findes en dansk udgave, og jeg håber og beder til, at den vil nå ud til mange danske 'adventist-troende, der har mistet gnisten'. Jeg vil især takke min ven Walder Hartmann, (der ligesom jeg er en pensioneret, men stadig aktiv, adventistpræst), fordi han stillede sig til rådighed som oversætter af denne bog. Men min taknemlighed omfatter også andre, der har bidraget til at gøre en dansk udgave til en realitet.

Zeewolde, Holland
Sommeren 2017

(Denne danske udgave adskiller sig fra de andre ikke-engelske udgaver, ved at noteapparatet findes bagerst i bogen, og det er ikke blevet oversat. De fleste henvisninger angår engelsksprogede udgivelser, og jeg forestiller mig, at de, der ønsker at se nærmere på disse noter, ikke vil have problemer med det engelske sprog).

KAPITEL 1

Skal jeg blive eller gå?

Jeg har nu været pensionist i en del år. Indtil nu har jeg imidlertid forsøgt at forblive nok så aktiv. Jeg prædiker stadig i adventistkirker over hele Holland, hvor jeg bor, og nu og da også i udlandet. Jeg underviser stadig ved seminarer for præster i forskellige lande og deltager i mange kirkelige stævner. Jeg skriver fortsat, hvilket bringer reaktioner fra både nær og fjern. Min ugentlige blog bliver læst af et par tusinde personer rundt om i verden, og de fleste er blevet klar over, at jeg plejer at være nok så åbenhjertig, når det gælder min kirke og min tro.[1]

Engang imellem møder jeg nogen, der siger: "Som pensionist kan du naturligvis være mere åben og sige ting, du ikke kunne tillade dig, da du stadig var ansat". Det kan der være noget sandt i, men jeg har altid været temmelig åbenmundet og har aldrig forsøgt at skjule, hvad jeg mener, og hvem jeg er. Det betyder ikke, at man altid kan sige alt, hvad man tænker – uanset sted og til hvem. Ærlighed er ikke det samme som dumhed. Jeg har altid forsøgt at agere ansvarligt, men også at være ærlig over for mig selv.

Nu til dags – mere end tidligere – betror mange adventister mig deres bekymring over tendenser i menigheden. De udtrykker deres tvivl med hensyn til deres tro og specielle adventist trospunkter. De gør det nok, fordi de mener, at jeg er villig til at lytte uden at dømme, og føler at vi på mange måder er lidt beslægtede, når det gælder tvivl og bekymringer. Dette er imidlertid ikke den eneste – ej heller den vigtigste årsag. Vi må simpelthen se den kendsgerning i øjnene, at der er mennesker, som har vanskeligt ved at acceptere nutidens tendenser i menigheden, og de føler, at de ikke længere kan tilslutte sig alt det, der tidligere blev præsenteret som "Sandheden". De kan ikke længere se, hvor relevant det er, som kirken står for.

Det ville være fristende at gå i detaljer omkring noget af det, som jeg har hørt fra trosfæller på det seneste; men jeg vil ikke svigte den tillid, som disse mennesker har vist mig. Jeg vil gerne have dem til at læse denne bog, men jeg ønsker ikke, at de skal genkende sig selv. Adventistfamilien er ganske vist temmelig stor, men samtidig virker den forbavsende lille, og jeg er nu og da overrasket over, hvor mange der kender hinanden.

Mange af dem, der har talt med mig eller har sendt mig e-mails eller kontaktet mig på anden måde, har fortalt mig, at de befinder sig i en troskrise, og at de finder det umuligt fortsat at tro på Gud – eller i det mindste meget af det, de har hørt om ham. Mange af dem er godt orienterede om det, der sker i kirken som organisation. De kender også nogle af topledernes synspunkter, men har mistet respekten for kirkens højere ledelse. Andre overvejer, om de vil blive i en menighed, der synes at blive mere og mere præget af fundamentalisme og konservatisme. Konkrete problemer som kvinders rolle i kirken og samfundets holdning over for homoseksuelle og lesbiske er blevet en anstødssten for mange menighedsmedlemmer i den vestlige verden – og ikke bare der!

Jeg er ikke parat til at opgive min tro, og jeg ønsker stadig at være en del af Adventist-kirken. I denne bog vil jeg imidlertid påpege, at Adventistkirken er i en stor krise, og jeg vil ikke forholde mig tavs, når det gælder alt det, der bekymrer mig i min kirke og den tvivl, der påvirker min egen tro. For at gøre det klart, hvad jeg ønsker at give udtryk for, er det sikkert nødvendigt først og fremmest at tegne et billede af det, der sker inden for kristenheden i almindelighed, idet jeg mener – i modsætning til nogle – at Adventistkirken ikke lever isoleret fra, men er en del af og påvirkes af tendenser i hele den kristne verden.

ER DEN KRISTNE KIRKE PÅ RETUR?

Vi bliver nødt til at acceptere den kendsgerning, at den kristne kirke ikke klarer sig særlig godt i det moderne samfund. I mange lande bliver gamle kirkebygninger solgt til andre formål, menigheder bliver opløst eller fusionerer med andre – alt sammen i et forbløffende tempo. Den romersk katolske biskop i Ütrecht, en af Hollands større byer, forudsagde for nylig at indenfor de næste ti til femten år måtte man lukke 1000 kirker i hans område, hvilket svarer til to tredjedele af kirkerne.[2] Kardinal Timothy Dolan, hans kollega i New York, bekendtgjorde, at en tredjedel af de 368 sogne i hans bispedømme snart ville lukke eller fusionere med andre.[3]

Mange af de større, traditionelle kirkesamfund har store vanskeligheder, men der er også kristne bevægelser, der klarer sig bemærkelsesværdigt godt. Den moderne pinsebevægelse er vokset fra nogle få nyomvendte i begyndelsen af 1900-tallet til en verdensomspændende hær på hundredvis af millioner troende. Man mener faktisk, at de udgør 25% af alle kristne.[4] Meget af denne vækst finder sted i udviklingslande, men den karismatiske kristendom har også erobret en stor del af et ellers krympende kristent marked i den vestlige verden. Der er al mulig grund til at tro, at pinsetroen med dens islæt af religiøse oplevelser og forhold *(Elsker du Jesus? Ja, jeg elsker Jesus!)* tiltrækker flere postmoderne mennesker end stramme læresætninger *(Hvordan forklarer du Kristi guddommelige og menneskelige natur?)*. Hvis man vender sig mod den religiøse verden, er det ikke så meget for at blive intellektuelt stimuleret, som for at opleve noget, der involverer hele mennesket.

På samme tid er der et paradoks, som er vanskeligt at forstå. At kirker på den sydlige halvkugle synes at foretrække en temmelig konservativ og fundamentalistisk kristendom er ikke så mærkeligt, men at mange kristne i den vestlige verden synes at dreje mod højre i det teologiske spektrum er mere underligt. Dette kommer tydeligst til udtryk i USA, hvor det "religiøse højre" gennem årene har stået stærkt. I Europa har en del konservative kirker også haft fremgang – det gælder bl.a. mange pinseme-nigheder – mens de mere liberale kirkesamfund oplever en stærk tilbagegang. Dette kan måske tolkes som en form for protest mod den postmoderne tagen-let-på-tingene holdning og mod de alt-kan-tillades tendenser i moderne kristendom. Der er tilsyneladende en del kristne, der ønsker at være en del af noget, de synes er værd at tilhøre. Nogle mener endda, at mange kirker ikke mister medlemmer, fordi de kræver for meget af deres medlemmer, men fordi de kræver for lidt.[5]

Hvor nogle kirkesamfund vinder frem, gælder det afgjort ikke for den kristne kirke som et hele. Og der er mange grunde til, at kirken, som institution i den vestlige verden, oplever tilbagegang.[6] Postmoderne mennesker har en tendens til at betragte kirkehistorien og spekulere over, hvorfor Jesu efterfølgere har gjort det så skidt, når det gælder at følge i deres mesters fodspor.[7] De ser en historie plettet af religionskrige og blodsudgydelse, ødelæggende korstog og en ondskabsfuld inkvisition. De ser, hvordan præsteskabet har undertrykt medlemmer, mens de selv har haft held til at fylde egne lommer. De bemærker de hyppige indre stridigheder i forskellige kirkesamfund, bitterheden i teologiske debatter, det religiøse had og snobberi. De har bemærket den næsten endeløse opsplitning af en kristenhed, som Kristus ønskede skulle være ét. Det er ikke gået ubemærket hen, at mange kirke-ledere undlod at give klar besked i 1940'erne, hvor jøder blev forfulgt og sendt til Auschwitz og lignende steder med ubeskrivelige rædsler; da kirkelige myndigheder stillede sig på de priviligeredes side, mens de udnyttede de fattige; og hvor mange hvide kristne fandt bibelske argumenter for at forsvare slaveri, racefordomme og umenneskelige apartheid principper.

Der er ikke noget at sige til, at kirken mistede så meget af sin troværdighed i store dele af den vestlige verden. Heller ikke over, at mange finder det vanskeligt at stole på og respektere kristne menigheder og prædikanter, når man tænker på, at kristne aktivt deltog i fjendtlighederne i Nordirland og i folkemordet i Rwanda. Kirken og dens embedsmænds troværdighed har også lidt skade gennem de mange tilfælde af sexuelle overgreb i den romerskkatolske kirke. Før protestanter falder for fristelsen til at føle sig moralsk hævet over sådanne skandaler, bør de erindre sig de temmelig saftige historier om sexuelle udskejelser hos nogle af deres kendte tv-prædikanter. Man skal ikke grave så dybt, før man finder ud af, at også protestanterne har skeletter i deres eklesiastiske skabe.

SKAL MAN BLIVE ELLER SIGE FARVEL?
De foregående sider har tegnet et et meget skuffende billede af de negative reaktioner, som kirken møder i vor tid. Til trods for alt dette, så er mange kristne mænd og kvinder stadig glade for deres menigheds fællesskab. Deres kirke er og bliver fortsat en væsentlig del af, hvem de er. De bliver ved at være aktive og yder både mange timer i aktiv indsats, men også økonomisk støtte til både menighedens arbejde hjemme og ude. De går i kirke, ofte mere end en gang om ugen. De studerer trofast og regelmæssigt i Bibelen, køber religiøse bøder og DVD'er. De ser fjernsyn med religiøst indhold og lytter til religiøs musik. De taler med andre om deres tro og inviterer folk med til kirkelige arrangementer. *De kan slet ikke forestille sig et liv uden deres menighed.*

Der er altså mange kristne, som ønsker at blive i deres menighed. De fleste kirkesamfund melder imidlertid stadig om medlemmer, der siver bort og ikke længere kan betragtes som medlemmer. Kirke-ledere i mange lande fortæller om et stigende antal personer, der bevidst har besluttet at opgive deres medlemskab af en bestemt kirke. Nogle gør det på grund af personlige konflikter, der ikke er blevet løst. Andre forsømmer deres aktive kirkeliv, når de flytter til en anden by eller har været igennem op-slidende og vanskelige familieforhold. Nogle finder ikke længere det, de hører i kirken, relevant for deres tilværelse, - eller de oplever andres forventninger til adfærd for begrænsende eller urealistiske. Andre bliver klar over, at de ikke længere kan stå inde for deres kirkes læresætninger. Nogle flytter, men regner sig stadig for at tilhøre deres gamle menighed, mens nogle få helt vender ryggen til enhver form for kristendom og tilslutter sig en ikke-kristen tro. Der er altså alle mulige grunde til, at folk forlader deres kirke.

Mange unge mennesker, der blev opdraget i et kristent hjem og var vant til at gå med forældrene i kirke, går deres egne veje, når de bliver teenagere og unge. Mange forældre, for hvem kirken stadig spiller en stor rolle, oplever det trauma, at deres børn vælger en anden vej. I de store protestantiske kirkesamfund i USA er det kun 37% af de unge, der bliver i kirken.[8] En undersøgelse, der blev gennemført af Barna Gruppen fandt, at kun 1.5% af kristne mellem 18 og 23 år anerkender en bibelsk verdensanskuelse.⁹ Det betyder altså, at den yngre generation stort set må betragtes som postmoderne. Dette forklarer deres mangel på interesse for at forblive i religiøse bevægelser.¹⁰

Jeg antyder ikke hermed, at medlemsflugten fra kirkerne kun angår unge mennesker. Der er folk i alle aldersgrupper, som vender kirken ryggen, endda pensionerede præster, som har tjent kirken i årevis. Mange nyomvendte til den kristne tro forlader desuden kirken forholdsvis hurtigt efter deres 'omvendelse'.

Medlemsflugten foregår både i romersk-katolske og i protestantiske kredse. Adventismen er heller ikke forskånet for denne tendens, selv om det ser ud til, at Syvende dags Adventistkirken først for nylig er blevet klar over den kendsgerning, at frafaldsraten blandt nye medlemmer er foruroligende stor. Ifølge David Trim, der leder Adventistkirkens statistiske afdeling, forlader 43 ud af hver 100 nye medlemmer kirken igen efter nogle få år. Han peger også på, at Adventistkirken i de senere år har måttet revidere sin medlemsliste og mellem 2000 og 2012 har droppet seks millioner medlemmer, fordi de ikke længere fandtes i kirkerne (og dette tal inkluderer ikke en gang dem, der døde i samme periode). Fra 1965 og indtil udgangen af 2014 blev 33 millioner mennesker døbt og optaget i Adventistkirken, men i samme periode forlod 13 millioner kirken igen.¹¹ Disse bedrøvelige tal inkluderer ikke de hundredtusinder af unge, der voksede op i kirken, men aldrig bestemte sig for at blive døbt – og som lidt efter lidt bare gled bort.

I GRÆNSELANDET
Skal man blive eller sige farvel? Mange har allerede løst dette dilemma. De bliver, fordi de er glade for deres kirke og føler sig tilfredse der. Andre har forladt menigheden, fordi den ikke længere spillede nogen rolle for dem, eller var kommet til at betyde noget negativt for dem. Nogle er endnu uafklarede. Man kan sige, at de har mistet gnisten. De befinder sig tæt ved bagdøren. De er stadig indenfor, men hvor længe endnu, skal de blive? Eller de befinder sig lige uden for bagdøren og følger med i, hvad der foregår indenfor. De overvejer måske endda, om de engang i fremtiden skal tilslutte sig igen og blive aktive menighedsmedlemmer – eller i hvert fald holde sig lidt nede bagved.

Der er mange grunde til, at folk, næsten umærkelig langsomt, nærmer sig bagdøren. De føler sig i stigende grad bekymrede over noget af det, der sker i deres lokale menighed. Måske bliver de trætte af nogle af de tendenser og afgørelser, som deres kirkesamfund træffer. Eller de overvejer mere og mere, om der er en bibelsk begrundelse for specielle læresætninger. Nogle føler kirkens krav til livsstil for snærende, mens andre simpelthen ikke kan med nogle af kirkens nøglepersoner. Der er også nogle, der gradvist er begyndt at studere Bibelen på en måde, der ikke opfattes som den korrekte måde at bruge Skrifterne på, eller de sår tvivl om kristentroens fundamentale elementer.

Mange tøver dog med at skære alle bånd til deres kirke over. De spekulerer ofte på, om der er noget galt med dem, hvad der fik dem til at tvivle og gradvis glide væk fra kirken. Mange af dem har stadig deres fleste venner og slægtninge inden for kirken. Hvis de selv forlader kirken, er de bange for, at det vil ødelægge deres sociale liv. Måske vil det ødelægge deres forhold til familiemedlemmer eller betyde tab af barndomsvenner eller værre? Er det virkelig værd at løbe den risiko?

ER DET HER EN BOG FOR DIG?

Jeg har været syvende dags adventist hele livet – og præst næsten lige så længe. Jeg vil gerne være på forkant med det hele. Bogen her skulle gerne være positiv. Det gør mig altid ondt, når jeg ser folk omkring mig forlade kirken. Jeg er da også bekymret over nogle af de tendenser, som jeg ser i min kirke. Men som trosfælle og som præst, der altid har ønsket at tjene kirken, ønsker jeg at gøre, hvad jeg kan for at hjælpe andre, der kæmper med tvivl og uvished.

De problemer, som Adventistkirken står overfor, og de udfordringer som både mandlige og kvindelige medlemmer møder, er ikke unikke for adventister. På en eller anden måde er de lige så udbredte i andre kirkelige sammenhænge, men i denne bog henvender jeg mig mest til mennesker i adventistsammenhænge. Jeg sigter dog ikke på alle, for jeg forsøger ikke at bringe støtte til dem, der allerede er fast forankret i kirken. Jeg håber, at denne gruppe vil læse noget af det andet, jeg har skrevet, eller føle sig styrket i troen, hvis de hører mig prædike. Bogen er i virkeligheden ikke skrevet for dem, selv om jeg håber, at mange af dem vil anskaffe den og give den videre til en eller anden, som de føler kunne have gavn af at læse den.

Denne bog er heller ikke skrevet til dem, der forlod kirken for længe siden og ikke længere føler sig knyttet til den – Adventistkirken eller et andet kirkesamfund. Skulle nogen blandt dem alligevel læse den og finde noget værdifuldt i den, er det bare godt. Jeg henvender mig specielt til sådanne, som føler sig usikre på, om de skal blive eller gå; dem, der spekulerer på, om kirken stadig har noget at tilbyde. Sådanne som har vanskeligt ved at acceptere visse tendenser i kirken, og dem, der føler, at de ikke længere finder deres sande åndelige ståsted i menigheden.

Jeg foregiver ikke at have svar på alle spørgsmål, som stilles af mennesker i denne kategori. Jeg har ingen her og nu trylleformular, der kan feje al tvivl og uvished til side. Jeg kan ikke og vil ikke forsvare alle beslutninger, projekter og planer, som kirken står for. Jeg har nu og da selv følt mig fristet til at nærme mig kirkens bagdør. Jeg er ikke på linje med alt i den traditionelle adventismes teologi, og jeg nægter at læse Bibelen på den bogstavelige og ofte fundamentalistiske måde, som synes så populær i vor tid. Derfor kommer jeg ikke med en facitliste med lette svar, som vil fortælle dig, hvordan du slipper af med al din tvivl, og som på et øjeblik vil genskabe din tillid til kirken som organisation, eller til alle dens ledere.

Lad mig gentage: Jeg skal forsøge at være helt ærlig, idet jeg håber, at det vil blive både meningsfuldt og gavnligt for dig at læse denne bog. *Når det gælder mig selv, ønsker jeg at forblive i min kirke, og jeg ønsker heller ikke at miste troen.*

Medens jeg overvejede, om jeg skulle skrive denne bog, var der nogen, der fortalte mig om en lille bog, som fornylig udkom i Australien. Jeg købte et eksemplar i adventisternes boghandel i Melbourne, da jeg var på besøg der. Jeg læste den med stor interesse, fordi den i virkeligheden var et ekko af mine egne tanker og følelser. Den hed *Hvorfor jeg forsøger at tro*, og er skrevet af Nathan Brown, der leder adventisternes forlag i Australien.[12] Jeg spiste frokost med forfatteren et par uger efter at have læst bogen, og vi havde anledning til at udveksle synspunkter, når det gælder vores respektive åndelige rejser.

Ryan Bell, tidligere præst ved Adventistkirken i Hollywood, USA, som besluttede i et år at leve som ateist, skrev forordet til Nathan Browns bog. Han vidste ikke, hvad hans ateistiske projekt ville føre til. Det var heller ikke noget, der skete fra den ene dag til den anden. Jeg kender også kun småbidder af Bell's personlige historie gennem bemærkninger fra hans bekendte og ved at følge ham på Facebook, men jeg har en mistanke om, at hans beslutning blev taget som klimaks på en lang og pinefuld proces. Det er nu nogle år siden, Bell begyndte sit eksperiment. Han skriver ofte om sine erfaringer og holder foredrag om dem. Det er klart, at han afsluttede ikke sit ateistiske eksperiment efter tolv måneder. Hvis jeg på afstand skal bedømme hans erfaring, så fortsætter han med at leve som ateist.

Nathan Brown og Ryan Bell har været venner i mange år. Nathan indrømmer, at han har mange spørgsmål, men han har bevidst valgt en anden vej end vennen Ryan. Han ønsker ikke at vende sin tro ryggen, men forsøger at tro trods tvivl og usikkerhed, og han håber, at hans åbenhed og ærlighed vil stimulere hans læsere til at give troen en ny chance i deres tilværelse. Jeg har personligt læst bogen og er blevet velsignet gennem det. Jeg skriver fra en anden synsvinkel, men jeg deler det samme håb.

Jeg ved ikke, hvad min bog vil gøre for dem, der læser den. Vil den hjælpe bare nogle få i deres forsøg på at tro? Vil den hjælpe os til sammen at udforske måder, hvorpå vi kan leve kreativt og håbefuldt med vor tvivl og vore spørgsmål? Vil den hjælpe i det mindste nogle få læsere til at forholde sig på en ny og meningsfyldt måde i forhold til deres menighed til trods for, at noget af det, der sker, synes helt irrelevant eller måske forkert? Vil den overbevise bare nogle få om, at Gud stadig betyder noget for dem, og at læsning i Bibelen stadig kan inspirere og skabe tro – hvor svag og famlende den end måtte være? Jeg håber, den vil. Er det tilfældet, føler jeg mig meget velsignet. Jeg håber også, at projektet vil være godt for min egen sjæl! Jeg hører jo lige så fuldt til den målgruppe, som jeg netop har beskrevet.

1. DEL

Spørgsmål,
usikkerhed, tvivl

KAPITEL 2

Kristendom i krise

BAGGRUNDSHISTORIEN

I en del af min barndom boede min familie i en landsby ca. 35 km nord for Amsterdam. Indbyggerne, der var færre end 1000, var 100% kaukasisk. Så vidt jeg ved, havde alle hollandsk statsborgerskab. De fleste betegnede også sig selv som religiøse. De, der ikke tilhørte noget kirkesamfund, var en undtagelse og passede ikke rigtig ind i lokalsamfundet. Landsbyen var ca. 60% protestantisk og 40% romerskkatolsk. Katolikkerne boede i den ene ende af landsbyen, mens protestanterne var delt i to dele, nemlig Den hollandsk reformerte Kirke og Den kristne reformerte Kirke. De eneste unormale var en ældre dame, der var blevet et Jehovas Vidne og så vores familie. Vi var syvende dags adventister. Folk vidste, at vi var protestanter, og mere eller mindre lignede Den kristne reformerte Kirke, men gik af uforklarlige grunde i kirke om lørdagen i en nærliggende by. Som mange mindre steder i Holland var landsbyen præget af den religiøse forskel. Protestantiske børn legede ikke med katolske drenge og piger. Katolikker handlede også for det meste hos religiøse ligesindede, osv.

Jeg er klar over, at mønsteret var anderledes i Hollands større byer, men stort set var det sociale liv i fordums tid – da jeg var dreng – meget enklere og mere gennemskueligt end i dag. Samfundet var meget mere homogent. Der var ikke nær så mange indvandrere, og de boede langt fra hinanden. Mit land var kristent, bortset fra nogle få jødiske troende, som havde overlevet 2. Verdenskrig og en lille gruppe ikke troende. Moskeer og Hindu templer var stort set ukendte, og farvede mennesker var en undtagelse. Omkring en tredjedel af den hollandske befolkning var katolikker, og de fleste andre tilhørte en fem-seks større protestantiske kirkesamfund.

Sådan var det for et halvt århundrede siden. I mellemtiden har situationen ændret sig dramatisk. Efter mange påvirkninger fra et stort antal indvandrere, er Holland blevet en helt anden nation. I dag stammer nitten procent af de ca. sytten millioner indbyggere fra ikke-europæiske lande, og mange af de "europæiske" kommer med spanske, portugisiske, græske, ungarske og lignende rødder. Mens 31% af befolkningen stadig er romerskkatolske, er der nu kun 21%, der regner sig selv for at være protestanter og ofte er de bare passive kristne. Én ud af hver femogtyve i Holland er muslim, og en lignende procentdel tilhører andre ikke kristne religioner. Fyrre procent af befolkningen føler sig slet ikke knyttet til nogen religion.

Dette er billedet i landet som et hele.[1] I nogle af de store byer er situationen imidlertid meget mere dramatisk. Tag f.eks. Rotterdam, hvor man finder mere end 175 forskellige nationaliteter. Kun 48% af Rotterdams indbyggere er født i Holland. Statistikken for Amsterdam er noget lignende.

I tillæg til denne etniske og kulturelle blanding er den religiøse mangfoldighed blevet en af det 21. århundredes kendsgerninger. Kun 17% af befolkningen i den hollandske hovedstad anser sig selv for at være kristne. Med en andel på 14% af befolkningen er Islam den næststørste religion i Amsterdam, og man forventer, at den snart vil være den største. Foruden moskeer og nogle få synagoger har byen Buddhist templer og mødesteder for en række andre ikke-kristne religioner. Mange af byens oprindelige indbyggere siger samtidig, at de ikke tilhører nogen religion.[2] Trods dette har sekularismen ikke vundet indpas i nogle dele af byen. Da man i 1960'erne og 1970'erne anlagde Bijlmer forstaden i den sydøstlige del af Amsterdam, reserverede man ingen byggegrunde til religiøse bygninger. Myndighederne mente ikke, at der var brug for det, men det har vist sig at være en alvorlig fejltagelse, da denne bydel nu er det mest religiøse sted i hele landet. Hele bølger af indvandrere, især fra Caribien og Afrika, har bragt en mængde religiøse skikke med sig.

DEN VESTLIGE VERDEN HAR ÆNDRET SIG

Det, der er sket i Holland, er også hændt i andre dele af den vestlige verden. Storbyer i Vesteuropa, USA, Canada og Australien er blevet helt kosmopolitiske. Hvor 18.2% af befolkningen i New York i 1970 var født uden for USA, er dette tal i 2014 steget til over 37%.[3] En lignende udvikling er f.eks. sket i Toronto, Canada, hvor 48.6% af befolkningen i 2014 var født i udlandet[4], hvilket gør den til en af de mest multikulturelle byer i verden. Af Melbournes 4,3 mio indbyggere er over 38% født i udlandet. Lignende tal kan findes for de fleste store byer i USA – og for europæiske byer som Paris, London og Bruxelles. I 2014 var over 14% af befolkningen i Storbritannien af fremmed herkomst med næsten halvdelen af disse – omkring 3 mio – boende i London. Hver fjerde indbygger i Australien var født andre steder, medens tallet for USA udgør næsten 14%.[5]

Den religiøse mangfoldighed i den vestlige verden har udviklet sig endnu stærkere. Selv om kristne gennem de seneste århundreder har været aktive, når det gælder at bringe budskabet om Kristus til 'verdens ende', har procentdelen af kristne i hele verden ikke ændret sig synderligt. Troværdige statistikker viser, at omkring 1900 regnede omkring 1/3 af verdens befolkning sig for at være kristne, og det har ikke ændret sig meget siden da.[6]

Selv om den globale procentdel af kristne har holdt sig stabil gennem de seneste årtier, har kristendommen alligevel mistet sin styrke i den vestlige verden – det man i dag kalder Nord i modsætning til de såkaldte udviklingslande, der kaldes Syd. En af de betydningsfulde forandringer i kirkens senere historie har netop været skiftet fra Nord til Syd, når det gælder tilstedeværelse og betydning. Ifølge Philip Jenkins, der er en autoritet, når det gælder tendenser i den moderne religiøse verden, er skiftet fra Nord til Syd et globalt fænomen.[7] Til trods for en kolossal befolkningsvækst, ændrede det samlede antal kristne i Nord sig kun ganske lidt mellem 1910 og 2010 – fra 502 millioner til 509 millioner. Dette skal ses i kontrast til udviklingen mod Syd, hvor man anslår at der i 1910 var 856 millioner, mens tallet i 2010 var steget til 1,3 milliarder.

Eksperter inden for den romerskkatolske kirke anslår, at i 2025 vil det samlede antal katolikker i Nordamerika og Europa være ca. det samme som i 2000, mens antallet af katolikker i Afrika forventes at være vokset fra 120 millioner til 228 millioner. I Latinamerika er væksten fra 461 mio til 606 mio og i Asien 110 millioner til 160 millioner.

De samme mønstre tegner sig inden for Syvende dags Adventistkirken. Medlemstallet i Nordamerika er fordoblet siden 1980, mens det i Europa kun er vokset med omkring 30%, og meget af denne vækst skyldes endda indvandring. Men læg så mærke til, at medlemstallet i Mellemamerika i samme periode voksede fra 646.000 til mere end 3.5 millioner. En forbavsende vækstrate ses også i Sydamerika og Afrika, hvor medlemstallet i 2015 var henholdsvis fem og ti gange større end i 1980.[8]

Endnu mere betydningsfuldt end statistikerne om antal kristne i Nord er tallene omkring kirkegang. Det er utrolig svært at nå frem til troværdige tal. Mange kirkesamfund er ikke særligt villige til at afsløre sådanne tal, mens medlemmerne selv har en tendens til at overdrive hyppigheden af deres kirkegang. De tilgængelige tal er imidlertid stærkt foruroligende. Nogle få eksempler er nok til at afsløre, hvad der sker. Med omkring 2.5% af befolkningen som regelmæssige kirkegængere, har Danmark den laveste procentdel blandt kirkegængere i Europa, men det står ikke meget bedre til i de andre skandinaviske lande.[9] I Polen, der er et af Europas mest religiøse lande, er antallet af regelmæssige kirkegængere faldet fra 53% i 1987 til mindre end 40% i dag.[10] Selv om de seneste bølger af indvandrere til Storbritannien har øget antallet af kirkegængere der, viser de fleste rapporter kun etcifrede tal. Nogle statistikker fra USA rapporterer, at 40% af alle indbyggere går regelmæssigt i kirke, men andre peger på, at antallet er under halvdelen af dette.[11] I Australien er tallene endnu mindre. På samme tid er antallet af mennesker i den vestlige verden, der er erklærede ateister eller agnostikere, vokset stærkt. Gallup foretog i 2012 en undersøgelse og fandt, at i 57 lande hævdede ikke mindre end 13% af de adspurgte, at de var overbeviste ateister. Et lignende antal viste En undersøgelse, fra 65 lande i 2015, viste et lignende antal.[12]

DEN MEST FUNDAMENTALE FORANDRING

Vores verden har forandret sig dramatisk på en anden og mere fundamental måde. Uden at overdrive kan det siges, at verden – især den vestlige – har nået en ny æra. Vi kan også bruge de udtryk, som er blevet en del af nutidens sprogbrug: *modernisme* er blevet afløst af *postmodernisme*.

Et utal af bøger nævner hovedtrækkene hos den postmoderne mand og kvinde. De, der er inter-esseret i at grave dybere i dette emne, kan selv læse mere.[13] Her vil jeg blot opsummere nogle af de mest bemærkelsesværdige træk ved postmodernismen.

1. I lang tid har folk troet på stadig fremgang. Videnskaben ville hjælpe os til et stadig bedre liv. Sådan tænker man ikke helt mere. Verden står ganske enkelt ansigt til ansigt med for mange problemer, og videnskaben synes ikke altid at være den uforfalskede velsignelse, som man engang troede.
2. Forskere er nu mere ydmyge i deres udtalelser, end de var tidligere. De indrømmer, at de ofte har en tendens til at finde det, de ønsker at finde, og at mange af de såkaldte grundpiller inden for videnskaben ikke er så sikre, når det kommer til stykket.
3. Tidligere generationer troede på absolutter. Enten var noget rigtigt eller forkert. Folk søgte sandheden. Det moderne menneske har ikke så mange absolutter. De hævder i stedet at have deres egne personlige sandheder. Små grupper og kulturer dyrker deres egne 'sproglege' og deres egne måder at agere på. Alt er subjektivt, relativt, uvist, foreløbigt og flertydigt.
4. Hvis den absolutte sandhed ikke findes, hvordan kan kristne så hævde, at deres religion er mere 'sand' end f.eks. Islam eller Rastafarianisme? Hvorfor er Bibelen at foretrække frem for Mormons Bog eller Koranen?
5. Fortidens store historier og store idealer, som socialisme, kommunisme, kapitalisme og tilmed kristendom, har mistet sin magt. Vi har ikke længere historier, der kan bruges som ramme for det, vi siger og gør. Vi må stille os tilfreds med en mere begrænset og delvis forklaring, som hele tiden må revideres.
6. Postmoderne mennesker kan lide at blande *uforenelige elementer*. Inden for arkitektur og de forskellige kunstarter er der stor interesse for at tage selv – at blande de forskellige stilarter – så man i virkeligheden slører grænserne mellem det virkelige liv og fiktion, det sande og det virtuelle.

7. Folk bliver mere og mere klar over, at de lever i en global landsby. Computeren – det postmoderne symbol frem for alt andet – giver øjeblikkelig adgang til hele verden. Samtidig er man dog mistænksom over for globale strategier og alliancer, og man interesserer sig mere og mere for regionale og lokale forhold.
8. Det vigtigste, som denne bog beskæftiger sig med, er måske den kendsgerning, at det postmoderne menneske nærer mistillid til religiøse institutioner med deres hierarkiske magt- strukturer og uforanderlige læresætninger – næsten støbt i beton, og som man forventes at følge og være tilhænger af.
9. Tæt knyttet til dette er tilbageholdenhed i forhold til dybe og langvarige forpligtelser. Dette modarbejder stærkt værdien af klubber og foreninger, men også personlige forhold og aktiv deltagelse i kirkelige aktiviteter.
10. Postmoderne troende vil have lov til at tage og udvælge. De tager det til sig, som de er enige i, men skrotter læresætninger og religiøse traditioner, som ikke længere virker tiltrækkende på dem.
11. På trods af dette er det postmoderne menneske spirituelt påvirkelig. Det mystiske er ok. Populær er også en ikke-logisk New Age tilgang til livets store spørgsmål. Vægten er bare ikke længere på religiøse sandheder, men på personlig erfaring.

Når man først er klar over hovedtrækkene i den postmoderne tankegang, kan man se dennes indfly-delse overalt. Se blot de nye bygninger i Vestens byer: Der bygges ikke længere kasselignende strukturer i beton, stål og glas. Man udsmykker igen bygningerne, og man mixer stilarter fra forskellige tidsperioder, så postmoderne bygninger fortæller 'deres egen historie' i stedet for en standardhistorie om styrke, orden og effektivitet. Man finder også let postmoderne tendenser i mange nutidige noveller, hvor man blander historier fra forskellige perioder eller mixer virkelige livssituationer med fantasiens verden. Det kan også ses i film, hvor man har svært ved at finde ud af, hvor det historiske ender, og fiktionen begynder. Tendensen kan også anes på den politiske arena, hvor man mange steder i Europa kan opleve, at flertallet går ind for en eller anden form for europæisk fællesskab, men samtidig vil gøre næsten hvad som helst for at beskytte deres nationale selvstændighed og lokale kultur (endda ofte deres lokale dialekt).

Det er også let at opdage den postmoderne tendens i mange vesteuropæeres holdning til religion og til kirken. Faste udtalelser om sandhed bliver for en stor del erstattet af 'det virker for mig', og mange religionsforskere hævder, at der er lige så mange rigtige måder at tolke Bibelen på, som der er læsere. I den vestlige verden er kristendommen blevet bare én religiøs mulighed blandt en hel række verdensreligioner, der alle har lige stor værdi. Mennesker reagerer blot forskelligt på det mystiske hinsides – betinget af historiske og kulturelle sammenhænge.

EN SMULE HISTORIE

Det er vigtigt at forstå den verden, vi lever i i dag, og hvordan samfundet, som vi er en del af, fungerer; men det er også væsentligt at kende lidt til historien. John Michael Crichton (1942-2008), en amerikansk forfatter, der skriver science fiction bøger og producerer film- og tv-programmer, citerede en udtalelse fra en professor Johnston (en af personerne i hans bog Timelines): "Hvis du ikke kender historien, kender du ingenting. Du er som et blad, der ikke aner, at det var en del af et træ".[14] Denne sandhed gælder i virkeligheden alt i tilværelsen, ikke mindst religionernes og kirkens gebet. Man kan ikke udtale sig fornuftigt om tendenser inden for den religiøse verden, medmindre man er i stand til at betragte dem indenfor en eller anden historisk ramme. Man kan ikke forstå, hvad der sker i nutidens kirke, hvis man ikke kender kirkens historie på godt og ondt. For at forstå, hvad der foregår i nutidens religiøse verden (som tidligere anført i kapitel 1), både når det gælder aktiviteter og erfaringer blandt store dele af befolkningen i den vestlige verden, må man vide lidt om kirkehistorien.

Hvis syvende dags adventister skal forstå de aktuelle tendenser i kirken og måden, hvorpå mange menighedsmedlemmer reagerer, kræves samtidig en bevidsthed om, hvordan deres kirkesamfund i øvrigt optræder på den kristne scene – ikke mindst den protestantiske. Skal man håndtere de problemstillinger, der dominerer denne bog, må man kende noget til adventismens opkomst og udvikling, såvel som baggrunden for det generelle religiøse klima i vor tids postmoderne verden.

EN POSE BLANDINGSGODS

Kristendommens historie præsenterer os for en pose meget blandede fænomener og begivenheder. Ny Testamente skildrer den unge kirke som en levende organisme, der på nogle tiår spredte sig til mange dele af Mellemøsten og Europa – ja endda til Asien og Afrika. Denne bemærkelsesværdige kirkevækst var ikke problemfri eller uden udfordringer. Selv om Pauli ord er mildt overdrevet, antyder de alligevel noget ekstraordinært. Han skriver til menigheden i Kolossæ, at evangeliet nu var blevet forkyndt over hele verden (Kol 1,23).

Den stærke kirkevækst fortsatte gennem de næste få århundreder. Samtidig udviklede den kristne teologi sig – dels på grund af de mange mærkelige ideer, der dukkede op til overfladen og behøvede et modspil, men også de utallige spørgsmål, der krævede et svar. Skribenterne af de kristne dokumenter fra andet og tredje århundrede og de følgende århundreder, såkaldte kirkefædre, var med til at forme kirkens organisation og teologi. Man kom til enighed om, hvilke der kunne anses for inspirerede skrifter. De grundlæggende kristne læresætninger om Guds natur og treenighedens mysterium, om Kristi menneskelighed og guddommelighed, om Helligåndens personlighed og om grundlaget for menneskers frelse, blev fastslået. Stærke ledere fremstod flere steder, og nogle få kristne centre – bl.a. Rom – fik stadig større prestige og autoritet.

En ny fase i kirkens historie begyndte, da den romerske kejser Konstantin besluttede at give kristendommen visse privilegier. Fremtiden skulle vise, at dette var en tvivlsom velsignelse. Kirken kunne nu frit sprede sin indflydelse uden at risikere sådanne forfølgelser, som tidligere havde kostet så mange livet. Men samtidig blev kirken knyttet sammen med verdslig politik, hvilket havde flere negative konsekvenser.

Lidt efter lidt udvikledes middelalderens kirke, hvor biskoppen i Rom kom til at spille en prominent rolle. På denne baggrund voksede pavedømmet frem og blev et magtcentrum inden for kirken. Mange steder blev Kristi evangelium forvansket til en sørgelig blanding af ægte tro og hedensk overtro. Efterhånden som 'hedninger' blev omvendt, ofte ved hjælp af tvang frem for indre overbevisning, fandt mange ikke-kristne ideer og skikke vej ind i kirken. Samtidig blev teologerne ofte påvirket af ikke-kristne filosoffers skrifter fra den klassiske æra – en indflydelse, der stadig kan anes i noget af vor tids teologi. Kirkens ledere var ofte mere optaget af at sikre sig magt og rigdom eller kæmpe for større politisk indflydelse, end de gik op i at sørge for pastoral omsorg og grundig religiøs undervisning til de mennesker, der tilhørte deres distrikter. Umoral og politiske intriger skyggede ofte for eller erstattede ønsket om at være en sand Kristi discipel.

Efterhånden som tiden gik, skabte denne sørgelige tingenes tilstand flere reformbevægelser. I spidsen for disse stod sådanne mænd som John Wycliffe og Johan Huss, og det endte med reformationen i det 16. århundrede. Denne reformation genopdagede ikke alene den herlige kendsgerning, at vi bliver frelst ved nåde og ikke ved egne gerninger, ej heller gennem præstelige mellemmænd eller betaling af penge. Den gav også Bibelen tilbage til almindelige mennesker og protesterede mod mange overgreb og usande lærepunkter, som havde fundet vej ind i kirken. Nogle reformatorer var mere radikale end andre, og set i bakspejlet var der mange aspekter som blev helt overset, selv om de trængte til en reform. Gennem de næste århundreder stod det ikke altid klart, at kirken altid skal fortsætte i retning mod en yderligere tydeliggørelse af Kristi undervisning. Som Martin Luther erklærede: kirken er semper reformanda – har altid brug for yderligere reformation.

Selv om den romerske kirke også var bevidst om, at der var brug for forandringer – og faktisk gennemførte nogle forandringer under den såkaldte mod-reformation, blev kløften mellem katolicismen og protestantismen en afgørende virkelighed i kristendommen. Et tidligere skisma havde allerede fundet sted mellem de ortodokse kirker i Øst og kirken i Vest.

Den romers katolske kirke havde held til at bevare mange af sine forskellige institutioner, f.eks. det brede spektrum af munkeordener under dens eklesiastiske vinger. Den romerskkatolske kirke har haft både opgangs- og nedgangstider. Og tragisk nok har de protestaniske kirkesamfund aldrig virket som en fælles front. Lutheranere og calvinister gik forskellige veje og opdelingen af protestantisk kristendom i adskillige trossamfund er fortsat lige siden, selv om det gennem økumeniske tiltag er blevet forsøgt at sammensmelte nogle af dem.

Til trods for alle teologiske forskelle og et utal af styreformer og traditioner, kan man inddele hoved-parten af protestantiske kirkesamfund i nogle få hovedgrupper: de traditionelt konservative kirker, de traditionelt mere liberale kirker, de evangelikale og en række karismatiske samfund, der viser en bemærkelsesværdig vækst. Perioder med tilbagegang og åndeligt dødvande er blevet afløst af vækkelsesbølger og udbrud af missionsaktivitet. Dette karakteriserede meget af udviklingen inden for protestantismen i det nittende århundrede. Adventismen voksede frem fra en af disse vækkelsesbevægelser i USA i midten af det nittende århundrede. William Miller (1782-1849) og hans indsats spillede en vigtig rolle i slutfasen af den anden store vækkelse inden for amerikansk kristendom. Selv om Syvende dags Adventistkirken udviklede sig videre end dens milleristiske ophav, har den aldrig mistet sit amerikanske præg og viser stadig mange karaktertræk fra det miljø, som den opstod i og udviklede sig fra.

I det tyvende århundrede og de første år af dette århundrede spiller kristendommen stadig en rolle for millioner af mennesker verden rundt. Den organiserede kristendom har et bredt tilbud af tanker, aktiviteter og tjenester. Mission spiller stadig en væsentlig rolle, som man kan læse ud af statistikker om missionsbevægelser, deres budgetter og antallet af udsendte personer. Men kristendommen må til stadighed konkurrere med andre religiøse og ikke-religiøse livssyn – selv i egne, hvor den tidligere havde sin indiskutable magtposition. En hurtig og grundig sekulariseringsproces – og den postmoderne kulturs opkomst viser sig at være en yderst farlig udfordring for den kristne tro og for kirkelige organisationer og institutioner. Alt dette har påvirket adventismen meget mere, end mange af dens ledere – såvel som tilhængere på kirkebænkene – gør sig klart.

Denne korte gennemgang af to årtusinders historie er naturligvis både meget overfladisk, men også ufuldkommen. Desuden yder den heller ikke retfærdighed over for de mange fænomener, tanker og personligheder, som var en del af historien. Beretningerne om den mørkeste periode i den kristne fortid, slægten Borgia's skandaler, inkvisitionens annaler, bedragerier og griskhed.[15] giver ikke et fuldt og akkurat billede. Selv i de mørkeste perioder har mænd og kvinder virket for kirken med stor fromhed og enorme personlige ofre. Der blev skabt vidunderlige kunstværker og skrevet inspirerende, åndelige bøger. Vi står i gæld til vågne og kloge teologer fra alle tidsaldre. Vi finder inspirerende rollemodeller blandt mange af mystikerne, der var åndelige initiativtagere og sociale aktivister i fortiden. Folk som Augustin, Anselm, Ebelard, Frantz af Assisi, Hildegard von Bingen, John Wesley, Jonathan Edwards og mange andre fremtræder som ægte Kristi efterfølgere, selv om nogle af deres teologiske synspunkter og metoder har været mangelfulde. På den anden side har nogle tanker og ideer hos protestantiske helte, som Martin Luther og John Calvin, været temmelig afskrækkende. Luthers rolle i nogle af hans samtids politiske sammenstød var uheldig, og hans antisemitisme er noget, som de fleste protestanter i dag vil tage afstand fra. John Calvin kendes ikke bare for sit værdifulde teologiske bidrag i skriftet Institutio religionis christianae, men også for sin medvirken til henrettelsen af Michael Servetus, der var uenig med ham i hans teologi. Dette mønster på stort mod og åndelig indsigt parret med betydningsfulde svigt i dømmekraft og teologiske fejltagelser har karakteriseret de fleste af fortidens ledere – selv dem, der har bidraget mest til kristendommens sag.

I det næste kapitel forlader vi kirkernes verden generelt og sætter fokus på Adventistkirkens situation i øjeblikket. Ikke alt er vel, og jeg tror, vi godt kan tale om en krise. Der er meget godt og mange elementer, som vi må værne om og beholde for fremtiden, men der også forhold, som mange adventister med god grund ønsker at tage afstand til. Jeg hører selv til den gruppe, og for mange, der har mistet gnisten, er spørgsmålet om de kan finde så mange gode ting ved kirken, at det opvejer det, de finder problematisk eller værre end det.

KAPITEL 3

De seneste tendenser inden for adventismen

De fleste syvende dags adventister, der har sat sig ind i deres bevægelses historie, er taknemmelige for de mange forunderlige og inspirerende hændelser i fortiden. Der er bestemt grund til at undre sig over Adventistkirkens vækst fra en håndfuld skuffede mænd og kvinder ude på landet i det nordøstlige Amerika – der var blevet narret til at forvente Jesu Kristi genkomst i 1844 – til en kirke med mere end 19 millioner døbte medlemmer spredt i over 200 lande. Men adventisternes historie indeholder også mørke sider og viser ikke et konstant mønster på kloge beslutninger, teologisk skarpsindighed, sand offervilje og virkeligt engagement. Vi har oplevet ubehagelige doktrinære kampe og nu og da åbne magtkampe. Kirken har haft fremgang, men fra tid til anden har man måttet skrotte væsentlige initiativer, samtidig med at det ikke var alle institutioner, der trivedes eller overlevede.

Nogle af disse forhold vil efterfølgende blive beskrevet mere detaljeret; men lad mig gøre klart, at når jeg udtrykker mig negativt om kristne forhold generelt, er det ikke, fordi jeg har mistet troen eller ikke længere følger dens værdisæt. Og når jeg kritiserer min egen kirke, er det ikke, fordi jeg har noget at hævne, eller fordi jeg er blevet behandlet dårligt af de organisationer, jeg har været ansat hos. Min kirke betyder noget for mig, og jeg har stor respekt for mange af dens ledere – både tidligere og nuværende. Størstedelen af mit sociale netværk befinder sig i kirken. Hele mit aktive arbejdsliv har jeg været ansat inden for Adventistkirken, og kirken har stort set behandlet mig godt. Jeg har haft mange interessante og tilfredsstillende opgaver, og jeg har haft anledning til at rejse i mere end 80 lande. Som pensionist er jeg glad for stadigvæk at blive inviteret til at undervise, og jeg er stadig glad for at få lov til at holde prædikener.

Dette betyder imidlertid ikke, at jeg er glad og tilfreds med alt, der foregår i mit kirkesamfund, og at jeg er fuldkommen enig i alle officielle udtalelser. I virkeligheden er jeg meget bekymret over en række tiltag, og jeg stiller alvorlige spørgsmålstegn ved nogle af de officielle synspunkter, som jeg forventes at forsvare. Det betyder heller ikke, at jeg er blind for de kampe, som mange af de mennesker, jeg træffer rundt om i de lokale menigheder, må kæmpe. Når jeg læser e-mails eller lytter til reaktioner på forhold, som jeg har beskrevet i artikler og bøger eller har omtalt i mine ugentlige blogs, er situationen den samme over hele verden, som her, men måske mest i Vesteuropa og i USA. Derfor tillader jeg mig at behandle disse forhold ret indgående på de følgende sider. Jeg gør dette, fordi jeg holder af min kirke, og jeg har ægte omsorg for de mennesker, der tvivler og kæmpe,r og som på mange måder har 'mistet gnisten'. De befinder sig i grænselandet af menigheden og ved ikke, om de skal blive eller gå.

Jeg tror, at den nuværende krise inden for Adventistkirken kun kan forstås, hvis den anskues i sammenhæng med krisen i mange af den vestlige verdens kristne kirker - og med det, der er sket i forhold til religion og tro i det hele taget. Når jeg generelt henviser til det, der er foregået i den kristne kirke og i særdeleshed i Adventistkirken, er det fordi, jeg er helt overbevist om, at vi må lære af fortidens erfaringer. Jeg tror, at disse kan styrke vores tillid til, at det hele kan ende godt. Fortidens hændelser og personligheder har inspireret mange og har hjulpet dem til at fatte mod til fortsat at holde ud. Men der har også været fejltagelser, uheldige beslutninger og beklagelige udtalelser, der kan tjene som smertelige lektioner for både nutiden og fremtiden. Når vi indser det, får vi forhåbentlig styrke til at arbejde for ændringer og til at betragte vores tro med dybere indsigt. George Santayuana (1863-1952) - en amerikansk filosof, sagde engang: 'Hvis man ikke husker fortiden, risikerer man at gentage den'.

ADVENTISMENS STYRKE

Den kristne kirke, i den vestlige verden, står i dag over for en dyb krise. I de foregående kapitler har jeg nævnt nogle af de kæmpe udfordringer, kirken står overfor. Ikke alene oplever kirken tilbagegang - ligesom tidligere - men det handler i virkeligheden om overlevelse i en sekulær og postmoderne verden, der præger både Europa, USA og andre dele af den vestlige verden. Det bibelske scenarie, hvor Guds folk bliver reduceret til en lille 'rest' er blevet en afgjort mulighed. Jeg gentager, hvad jeg allerede har sagt, at det kan ske, hvad enten kirken ønsker det eller ej, og hvad enten man gør sig det klart eller ej, for Adventistkirken i Nord er en del af Vestens kristendom. Den er unik på flere områder, men den eksisterer i samme sekulære kontekst som andre kristne. Dens interne og eksterne tilhørere er for det meste postmoderne - eller endda postpostmoderne, og den reagerer over for adventismen på samme måde, som flertallet af personer reagerer overfor enhver form for institutionaliseret kristendom.

Gennem mine teenageår (og lang tid derefter) blev Adventistkirkens medlemmer opfordret til at deltage i en årlig kampagne, hvor man indsamlede penge til adventisternes mission. Love og regler tillod os ikke direkte at bede offentligheden om donationer, men vi kunne uddele et specielt blad, og hvis folk ville give en gave, når de modtog bladet, hindrede vi dem naturligvis ikke i at gøre dette. Dette var vor årlige såkaldte hjælpeaktion. De fleste år gjorde jeg min pligt og deltog i denne aktion, selv om det var med blandede følelser. Senere redigerede jeg selv den lille indsamlingsbrochure, men jeg overlod til andre at gå fra dør til dør for at uddele mit redaktionelle produkt! Jeg nævner dette, fordi et af de mest fremtrædende træk ved bladet var en side med statistikker, der understregede adventisternes missionsaktivitet. Adventisterne virkede nu i så og så mange lande i verden, udgav bøger på så og så mange hundrede sprog og forkyndte evangeliget over et x-antal radiostationer. Vi gjorde meget ud af Adventistkirkens uddannelsesmæssige netværk og de mange hospitaler, sundhedsklinikker og ambulatorier, der blev støttet gennem denne årlige kampagne. Indsamlerne gjorde en dyd ud af at pege på den betydning de donerede penge havde, og at giverne gennem deres bidrag var med til at afhjælpe nød i verden.

Mens jeg var teenager passerede Adventistkirken den første million medlemmer. Selv om adventismen i 1950'erne og 1960'erne var meget mindre end i dag, følte jeg en vis stolthed ved at tilhøre denne verdensomspændende organisation. Når jeg rejser i dag, føler jeg den samme stolthed, når jeg møder navnet Syvende dags Adventist på facaden af en bygning. I nogle lande er chancen for dette meget lille, men andre steder sker det jævnligt. Følelsen af at tilhøre noget stort får mig stadig til at føle mig godt tilpas, og jeg ved, at jeg deler denne oplevelse med mange af mine adventistkollegaer og venner.

Men det var ikke bare stolthed, for adventismen blev mange steder i vesten opfattet som et fremmed element (d.v.s. en amerikansk sekt). Andre kirkesamfunds ledere tvivlede i virkeligheden på, om adventister var rigtig kristne. Hvis folk i det hele taget vidste noget om adventister, var det forbundet med noget negativt – det adventister 'ikke måtte'. Vi havde et dårligt image i offentligheden og var mest kendt for det, vi afstod fra, end for de idealer, som vi hyldede. Der var dog positive undtagelser. Folk på rejse kunne møde adventisthospitaler, hvor de fik et positivt indtryk af adventismen, mens andre har haft en adventist som arbejdskammerat, der har levet sin tro ud på en positiv måde.

Da vores familie for nogle år siden flyttede til en anden by, fortalte min kone vore nærmeste naboer, at vi tilhørte Adventistkirken. "Åh, ikke igen!" udbrød nabokonen. Hun havde boet ved siden af nogle adventister i Canada, og disse havde hele tiden forsøgt at 'omvende' hende. Det ønskede hun ikke at opleve en gang til. Heldigvis opnåede min kone hen ad vejen et godt forhold til denne nabo. Da vi flyttede til vor nuværende adresse, reagerede vore nye naboer heldigvis helt modsat. De havde boet i Schweiz og haft adventister til naboer der. Disse havde været meget behagelige naboer og blev meget positivt omtalt.

Opfattelsen af vores kirke i det mikro-samfund, hvor vi bor, afhænger helt af, hvordan vi lever vores tro, og hvor gode vi er til at omgås socialt med mennesker af en anden tro – eller dem som måske slet ikke tror. I et bredere perspektiv ser tingene imidlertid helt anderledes ud. I mange lande har Adventistkirken måttet kæmpe for at tegne et positivt billede af kirken. Det er blevet gradvist bedre, idet mange kirkeledere og teologer er blevet klar over, at adventister på trods af visse særheder, er gode protestantiske kristne, som man kan stole på og regne med i mellemkirkelige aktiviteter. Flere og flere adventister har vundet respekt gennem deres professionelle indsats og har været med til at tegne et positivt billede af deres menighed og deres personlige engagement i kirkelige aktiviteter. Selv har jeg haft glæden af at samarbejde med repræsentanter fra andre kirkesamfund og med teologer i den akademiske verden. Lidt efter lidt har min religiøse overbevisning mødt mindre og mindre modstand. Kendsgerningen er, at Adventistkirken i mange lande, trods indvendinger fra ærke-konservative medlemmer, i en eller anden grad har deltaget i nationale kirkeråd eller lignende fællesskaber, hvilket har været medvirkende til at rydde en masse misforståelser og modstand af vejen.

I vore dage er de fleste adventistpastorer meget bedre uddannet end deres kolleger var for år tilbage, og mange har også studeret ved ikke-adventist universiteter. Dette har ikke bare hjulpet dem til at virke mere professionelt, men har også givet dem mere selvtillid, når de møder andre kirkesamfunds præster og offentlige embedsmænd. Jeg har oplevet, at min troværdighed - som præst og kirkeleder – i kritiske situationer blev styrket, fordi jeg har en eksamen fra et anerkendt britisk universitet. Dette har hjulpet mig til i kritiske situationer at blive anerkendt på lige fod med andre teologer og professionelle. En hel række af vore colleges, hvor vore prædikanter har studeret, har udviklet sig fra ikke-anerkendte bibelskoler til at være institutioner med universitetsstatus og offentlig akkreditering. Dette har også medvirket til at skabe respekt og troværdighed for Adventistkirken i vort moderne samfund.

MANGE ANDRE MISUNDER OS

Det er ingen overdrivelse at sige, at Adventistkirken har udviklet en overraskende stærk organisation. Dens organisatoriske styrke kan ikke bare ses gennem den 4-strengede struktur med Generalkonferens/divisioner, unioner, konferenser og lokale menigheder, men også gennem detaljerede retningslinjer [policies] for en gnidningsfri håndtering af hele det eklesiastiske maskineri med klare valgprocedurer for valg af ledere, detaljerede regler for de forskellige enheders funktion og med omhyggeligt udformede rettigheder og ansvar, når det gælder baglandet for disse. Ledere fra andre kirkesamfund har ofte udtrykt deres beundring – grænsende til misundelse – for den måde Adventistkirken har organiseret sig på.

Selvom ethvert kirkesamfund altid kan bruge flere penge og sjældent undlader at appellere til medlemmerne om at vise større gavmildhed, så har Adventistkirken en solid finansiel grundvold. Hvert år har man nu på verdensplan mere end 3,3 milliarder US-dollars i indtægter. Dette inkluderer tiende og gaver, men ikke det meget større tal for kirkens institutioners økonomiske transaktioner.[1]

Adventistkirken er forblevet bemærkelsesværdig forenet, mens protestantismen generelt er blevet ekstremt fragmenteret. Ingen ved nøjagtigt, hvor mange kristne kirkesamfund, der eksisterer i verden. Mange af dem er meget små, men nogle, der er forholdsvis ukendte for os (f.eks. i Afrika), har millioner af medlemmer. En kilde fortæller os, at USA for tiden rummer mere end 1500 religiøse organisationer, og at der på verdensplan opstår tre nye religioner hver dag.[2] Protestantismen i Amerika har måske oplevet en større opsplitning end noget andet sted. Hvis du vil danne dig et overblik over den religiøse scene i USA, kan du finde en aktuel udgave af Handbook of Denominations in the United States, med en nyttig beskrivelse af mere end 200 religiøse sammenslut-ninger i USA.[3]

Som tiden er gået, er der nogle grupper, som har forladt Adventistkirken og dannet deres egne bevægelser. Der har også været afvigere, som har skrevet bøger uden at organisere en ny bevægelse. Prominente eksempler på sådanne var J.H. Kellogg, Dudley M. Canwright, Ludwig R. Conradi, A.T. Jones, E.J. Waggoner og A.F. Ballenger. Visse små bevægelser, som mere eller mindre var organiseret, inkluderer: The Holy Flesh Movement, The Shepherd's Rod Movement, den bemærkelsesværdige Branch Davidians og grupper omkring Robert Brinsmead.[4] Den mest betydningsfulde opsplitning skete, da Adventisternes Reformbevægelse skilte sig ud fra adventisterne som et resultat af stridigheder om deltagelse i første verdenskrig. Denne gruppe organiserede sig som et selvstændigt kirkesamfund, der aktuelt har omkring 40,000 medlemmer fordelt på 130 lande. Dertil kommer andre små grupper, der har vendt Adventistkirken ryggen. Alligevel er det bemærkelsesværdigt at se tilbage og se, hvor stærkt adventismen er blevet forenet. Sammenlign f.eks. med baptistbevægelsen, hvor baptisternes verdensalliance kan berette om 228 forskellige baptistorganisationer.[5] Og så er det endda ikke alle baptistsamfund, der er medlemmer af alliancen. Mange af dem har en selvstændig national eller regional organisation og repræsenterer et bredt spektrum af teologiske synspunkter fra det meget liberale til det ekstremt fundamentalistiske. På den baggrund er det virkelig bemærkelsesværdigt, at Adventistkirken er forblevet samlet.

EN TEOLOGI, DER HAR UDVIKLET SIG TIL MODENHED

Adventisternes teologi har gennem årene ændret sig markant. George R. Knight bemærkede engang, at James White, der var en af kirkens pionerer, ikke ville have genkendt vore nuværende trospunkter som hans kirkes trospunkter, og han ville måske slet ikke have ønsket at være medlem af vore dages Adventistkirke.[6] Udviklingen af adventisternes trospunkter er et fascinerende emne, som vi ikke kan beskæftige os ret meget med i denne bog; men det er vigtigt at understrege at hele pakken med de 28 fundamentale trospunkter ikke bare faldt ned fra himlen i begyndelsen af adventisternes historie. Vore aktuelle teologiske læresætninger er resultatet af en lang og gradvis udvikling. Den begyndte hos mennesker med baggrund i forskellige protestantiske bevægelser, som havde været ude for en voldsom skuffelse, da deres forventninger om Kristi genkomst ikke blev opfyldt. Gennem de næste få år, nåede de frem til en bred concensus omkring mange punkter, som f.eks. sabbatten og fiaskoen i 1844. De udviklede en 'helligdomslære' og anerkendte, at de havde 'profetiens gave' iblandt sig. Snart anerkendte de også døden som en 'søvn', og afviste, at der findes en udødelig sjæl, som farer til himmels umiddelbart efter døden. Efter nogen tid indså de også, at de havde en verdensomspændende missionsopgave, for alle skulle advares om endens tid og den kommende dom. Men flere andre læresætninger stod først klart efter flere årtier.

Meget af adventismen i denne første periode var temmelig legalistisk præget. Et betydningsfuldt møde i 1888 beskæftigede sig med dette, men legalismen forblev en stadig udfordring. Den officielle kirkes teologi kom dog mere og mere til at understrege, at frelsen ikke er baseret på menneskelige gerninger, men er et resultat af troen på Kristi offer for mennesker. I det tyvende århundrede – og især fra 1960'erne og fremefter – blev grundlæggende kristne doktriner om treenigheden, Kristi natur, Helligåndens personlighed og forsoningen viet meget mere opmærksomhed end tidligere, hvor fokus næsten udelukkende havde været på Adventistkirkens specielle trospunkter. Når vi tænker på adventismens vækst og styrke, er det væsentligt, at vi husker denne gradvise modning af den teologiske tænkning inden for Adventistkirken.

ADVENTISMEN I KRISE?

Alt er imidlertid ikke vel inden for Adventistkirken. Langt fra. Mange føler, at den seneste udvikling inden for adventisterne antyder, at enheden er truet. Passer det virkelig? Kan det passe, at adventismen – især i Vesten – er dømt til tilbagegang og måske undergang? Hvis – er det så hovedsagelig på grund af tilstanden i Vestens kristendom, eller er der specielle grunde til, at adventismen (i det mindste i Vesten) har svært ved at overleve? Lad os ikke forhaste os ved at sige, at Herren vil forhindre dette. Det er sket før, at kristne kirker er helt forsvundet.

Det er ofte blevet antydet, at kristne kirker er sociale organisationer, der følger en forudsigelig cirkel. En velkendt model er den, som religionssociologen David O. Mobert (f. 1922) fremsatte.[7] Han påstod, at religiøse organisationer typisk oplever fem stadier. Den nye organisation begynder som regel på grund af utilfredshed med den eksisterende situation. Nogle få personer går sammen, spreder deres ideer og tiltrækker flere ligesindede. På dette tidspunkt er ledelsesformen temmelig uformel og karismatisk. Næste stadie kræver lidt strammere struktur, og man gør sig klart, hvad formålet med organisationen er, hvorefter man formulerer målsætning, normer og værdier. Man har travlt med at hverve tilhængere. På tredje trin når organisationen sin maksimale effektivitet og søsætter mange aktiviteter. Ledelsesstilen er mere rationel end karismatisk. Organisationen bliver gradvis mere centraliseret og bliver offentligt anerkendt. Det fjerde stadie præges af en øget institutionalisme, hvor medlemmerne bliver mere og mere passive. Slutfasen viser tegn på opløsning. Organisationen lider af formalisme og bureaukrati. De administrative strukturer har ikke længere berøring med den aktuelle situation og aktuelle behov. Medlemmerne mister tillid til deres ledere, og nye udbrydergrupper opstår. Og dette bliver begyndelsen til bevægelsens endeligt.

Hvis denne model har noget sandt i sig – og det tror jeg, den har – rejser den det vigtige spørgsmål om, hvilket trin Adventistkirken i Vesten befinder sig på. Nogle vil hævde, at vi stadig er på tredje trin, og det kan være rigtigt på den sydlige halvkugle; men jeg har en mistanke om, at de fleste, der bor i Vesten og har tænkt alvorligt over situationen, vil pege på fjerde eller endda det femte trin. Hvis dette er tilfældet, må vi erkende, at det kan blive vores skæbne. I det mindste bør det være en stærk advarsel om, at vi befinder os i en alvorlig krise, og at der må foretages nogle drastiske ændringer, hvis vi skal ændre tendensen. Jeg tror, at hvad den anglikanske biskop John Shelby Spong sagde om den kristne kirke generelt – *at den må ændre sig eller dø* – bestemt gælder for adventismen i den vestlige verden.[8]

MANGLENDE TRYGHED VED DEN INSTITUTIONELLE KIRKE

Om ti år eller mere vil forskere, når de ser tilbage på udviklingen inden for Adventistkirken, måske pege på generalkonferencen i San Antonio, Texas i 2015, som det tidspunkt, hvor nogle uheldige tendenser blev meget mere synlige end tidligere.[9] Da en underviser ved et af adventisternes univer-siteter blev spurgt, hvordan han havde oplevet det, da omkring 2.500 delegerede fra hele verden var samlet for at vælge ledere og træffe beslutninger for fremtiden, svarede han, at han havde noteret sig nogle få anderledes forhold. Det var tydeligt, at repræsentanter fra den sydlige halvkugle var blevet mere bevidste omkring deres muligheder for at få indflydelse. På grund af deres talmæssige styrke var de nu i stand til at stemme imod forslag fra Nord. Han pegede også på andre forhold, hvor der var sket en ændring. Hvor alt før havde været præget af åndelighed, oplevede man nu en mere politisk atmosfære, og teologisk mærkede man en stærk højredrejning. Det så ud for ham, som om debatten om ændringer i *Menig-*

hedshåndbogen, handlede om, at den mere skal opfattes som en lovbog end som en vejledning til at håndtere lokale forhold. Dertil kom, at han følte den intense debat om forandringer i vore fundamentale læresætninger hældede mod en form for trosbekendelse. Han havde også bemærket, at verdenslederens rolle blev mere og mere 'enevældig'.[10] Vi vender tilbage til disse tendenser senere, men først vil vi se på noget, der bekymrer mange, når det gælder kirken i dag.

Adventistkirkens organisationsplan er en blanding af elementer, der er overtaget fra forskellige traditioner. Tanken om adskillelse mellem kirke og stat kommer fra 'frikirke'- traditionen med rod i den radikale reformation. Fra Europa blev den overført til USA, hvor den blev det normale frem for en undtagelse. Adventismen overtog organisatoriske elementer fra både Calvinisme og Lutherdom, men det meste kom fra Metodisterne og fra bevægelsen 'The Christian Connection',[11] som var den trosretning nogle af de første adventistledere havde tilhørt. Terminologien med 'konferenser' og 'generalkonferens' skyldes den stærke metodistiske indflydelse, mens kirkens 4-strengede struktur med divisioner, unioner, konferenser og lokale menigheder med dens hierarkiske præg har ligheder med den romerskkatolske kirke. Hvad enten vi kan lide det eller ej, har det politiske system i Amerika også været med til at præge Adventistkirkens organisation. Det har givet kirken en form for præsidentielt styre (dog ikke med samme magtbalance, som dette system indebærer).

Det præsidentielle system er langt fra ønskværdigt set med europæiske briller. Intet europæisk statsoverhoved eller statsminister (som f.eks. i Tyskland, Storbritannien eller Frankrig) har samme magtbeføjelser med mulighed for at ændre og afgøre deres lands handlinger på samme måde, som den amerikanske præsident. På samme måde er unionsformænd og konferensformænd i Europa først og fremmest holdledere. Formænd er ordstyrere, der tager initiativer, men må sikre sig, at de har deres bestyrelse med sig, og de skal være opmærksomme på, hvordan de præsenterer egne initiativer. Jeg har været unionsformand i mit eget land, og jeg tror, at jeg mødte opbakning og tillid hos de fleste af mine medarbejdere og menighedsmedlemmer. Jeg var altid klar over den kendsgerning, at min magt var begrænset, og jeg var opmærksom på, hvornår jeg skulle undlade at presse mine egne ideer igennem, selv om jeg mente, at de var gode.

Det generer mig og mange andre i Europa, men også andre steder i Vesten – endda i USA – at formænd har så stor magt og i høj grad kan sætte dagsordenen i deres embedsperiode. Dette gælder ikke mindst den måde, hvorpå Adventistkirkens verdensleder kan påvirke kursen i hele kirken. Igen vil et historisk tilbageblik belyse, hvordan Generalkonferensens formænd i nyere tid har sat deres fingeraftryk på de givne valgperioder.

FEM VERDENSLEDERE

Reuben Figuhr (1893-1986) ledte Adventistkirken fra 1954 til 1966. Historikere inden for kirken karakteriserer hans formandskab som præget af stabilitet og åbenhed. Figuhr var mindre optaget af 'moderne' og 'liberale' kræfters indflydelse end hans efterfølger. To store projekter beviser kirkens villighed til at bane vej for ny teologisk tænkning (eller i det mindste tillade dette): Forberedelsen af den senere så kontroversionelle bog *Seventh day Adventists Answer Questions on Doctrine*[12] og syvbinds værket *Seventh-day Adventist Bible Commentary* med F.D. Nichols som redaktør.[13]

Robert Pierson (1911-1989) var meget optaget af hvilken teologisk kurs kirken tog, og han gjorde alt, hvad han kunne for at vende strømmen. Hvis man betragter hans formandskab nærmere (1966-1979), ser man tydeligt paralleller til vores nuværende ledelse – ikke mindst, når det gælder temaet 'vækkelse og reformation', som Pierson introducerede og som Wilson senere genoptog.[14]

Den næste verdensleder for Adventistkirken var *Neal C. Wilson* (1920-2010) – far til vores nuværende formand. Under hans formandskab (1979-1990) oplevede kirken en bemærkelsesværdig vækst. I 1979 var medlemstallet på verdensplan omkring 3,4 mio, mens det i 1999 var vokset til over 5,5 mio. Det globalemissions initiativ, som prægede Wilsons ambitiøse program, havde til hensigt at styrke samfundets missionsindsats. Da Generalkonferensen i 1980 blev afholdt i Dallas, Texas blev 27 fundamentale læresætninger vedtaget. Disse syvogtyve punkter[15] dannede grundlag for det, der blev godkendt i San Antonio. Mange har karakteriseret Neal C. Wilson som en politiker, hvor et af ofrene for det politiske system var Desmond Ford.[16]

Den store overraskelse for de fleste delegerede til generalkonferencen i 1990, der blev afholdt i Indianapolis, USA, var at den forholdsvis ukendte *Robert Folkenberg* (1941-2015) blev valgt til formand. Folkenberg huskes bedst for sin fascination over for ny teknologi, men også for hans mange initiativer til yderligere at skabe vækst i kirken. Teologisk var han temmelig konservativ og optaget af at standse alle liberale tendenser. Et meget omfattende dokument kaldet *Total Commitment* blev officielt vedtaget, kort tid før han blev tvunget til at trække sig som formand. Hensigten med dette dokument var at klarlægge rammerne for ledere og undervisere i kirken. Dokumentet blev en del af *SDA Working Policy*, men blev ikke viet megen opmærksomhed i Paulsen æraen (1999-2010).[17]

Jan Paulsen (f. 1936) var den første professionelle teolog, som blev valgt som kirkens topleder. Han kan måske bedst sammenlignes med Reuben Figuhr, når det gælder ledelsesstil. I stedet for at lægge vægten på læremæssig og kulturel ensartethed, var hans ideal for kirken at skabe enhed trods forskellighed. Som tilfældet var med Figuhr mistænkte mange Paulsen for at have liberale tendenser. Og som Figuhr blev også han efterfulgt af en, der tog initiativ til og fastholdt et korstog imod de farer, som kirken blev udsat for fra sådanne som afveg fra 'Sandheden', som Bibelen umiddelbart fremsætter den, og en bogstavelig tolkning af Ellen G. Whites skrifter.

Siden 2010 har Adventistkirkens leder heddet *Ted N.C. Wilson* (f. 1950). Han blev genvalgt i juli 2015 og mens mange glædede sig, var der en betragtelig del af kirkens medlemmer, som kunne se frem til mindst fem Wilson år mere. Mere end nogen af sine forgængere har han sat sit stempel i form af fundamentalisme og tradition i kirken. Det ser ud, som om Wilsons genvalg har meget at gøre med den voksende kløft mellem Nord og Syd i kirken. Så snart som Ted N.C. Wilson var blevet valgt til formand for Generalkonferensen, holdt han sin betydningsfulde prædiken i Atlanta, den 3. juli 2010.[18] Titlen på hans prædiken var *Go Forward*, og den var tydeligvis inspireret af budskaber i Ellen Whites 9. bind i *Vidnesbyrd til menigheden*.[19] Opfordringen til at gå frem skulle vise sig på flere områder, idet 'Atlanta' er blevet kendetegnet på Wilsons budskab til større forsamlinger lige siden. Prædikenen blev modtaget med blandede følelser. Mange jublede, mens andre modtog budskabet med en vis frustration. Faktisk har mange henvist til Wilson som den hidindtil mest splittende verdensleder af Adventistkirken.

SENERE UDVIKLING

Initiativet til 'vækkelse og reformation' blev et af Wilsons gennemgående træk gennem de første fem år af hans formandskab. Det er naturligvis meget svært på en objektiv og målbar måde at evaluere, hvad initiativet har medført. Som allerede tidligere nævnt, er det imidlertid interessant at bemærke, hvor meget Wilsons appel ligner Robert Piersons.

Pierson var meget bekymret over de næsten tyve års liberale tendenser, som havde præget Reuben Figuhrs lederskab, og han var fast besluttet på at lede kirken i en anden retning. Raymond Cottrell (1911-2003), en af *Review and Heralds* prominente redaktører, beskrev Pierson med disse ord: 'Robert H. Pierson var et behageligt menneske, en dedikeret adventist og altid en gentleman, men også en mand med en klar målsætning og en stålsat beslutning om at arbejde for den'. Cottrell så 'Pierson, Gordon M. Hyde og Gerhard Hasel som arkitekterne bag ti års ubemærkethed (1969-1979)'. 'Dette triumvirat forsøgte at opnå fuld kontrol over Adventistkirkens bibelstudier gennem disse ti år'.[20]

Ved den årlige efterårsrådslagning i 1973, igangsatte Person administrationen et 'vækkelse og reformation' projekt, hvor man foreslog at sætte fokus på ni områder:
- En menighed, der ikke var beredt.
- Budskabet, der snedigt var under angreb fra tvivl om Bibelens og Profetiens Ånds inspiration.
- Institutioner, der skulle have justeret kursen.
- Et lederskab, der havde brug for vækkelse og indvielse på ny.

- Hjem, der skulle hjælpes til at klare det moderne pres – og betydningen af at oprette et 'familiealter'.
- Behovet for personlige vidnesbyrd.
- Behovet for offervilje.
- Behovet for vækkelsesprædikener baseret på Bibelen og med 'Kristus, vor retfærdighed' som tema.[21]

Piersons bog *Revival and Reformation*[22], giver sammen med et følelsesladet budskab, da han i 1973 trak sig tilbage af helbredsgrunde, udtryk for samme ængstelse, som Wilson har udtrykt om og om igen. Flg. lange citat fra Robert Pierson er en klar illustration af dette:

> *Uheldigvis findes der i kirken sådanne, som taler nedladende om Bibelens inspiration, som afskyr de første 11 kapitler i 1. Mosebog, sætter spørgsmålstegn ved den korte tidskronologi, når det gælder Jordens alder, og som i øvrigt på snedig vis angriber Profetiens Ånd. Nogle henviser til reformatorer og moderne teologer som en kilde til og målestok for Syvende dags Adventisternes trospunkter. Der er også dem, der, trætte af adventismens forslidte fraser, ønsker at tilsidesætte standarden i den menighed, vi elsker. Nogle misunder og flirter med de evangelikale, ønsker at smide et særskilt folks kappe og følge en sekulær og materialistisk verdens skikke.*
>
> *Kære medarbejdere, elskede brødre og søstre, - lad ikke dette ske! Jeg appellerer så alvorligt, jeg kan, om ikke at lade dette ske! Jeg appellerer til Andrews University, til præsteseminariet og Loma Linda University – lad ikke dette ske! Vi er ikke syvende dags anglikanere, ikke syvende dags lutheranere – vi er syvende dags adventister! Dette er Guds sidste menighed med Guds sidste budskab'.*[23]

Man kan ikke undgå at bemærke den store lighed mellem Robert Person og Ted Wilsons budskaber. Til trods for mange henvisninger til Helligåndens rolle og den såkaldte 'sildigregn' har Wilsons vækkelse- og reformation's budskaber været præget af menneskelige programmer, der skulle hjælpe vækkelsen på vej. De organisatoriske tiltag, der skulle fremme 'vækkelse og reformation' kalder imidlertid på spørgsmålet: Er der ikke for meget programlægning og kun lidt plads til Åndens indflydelse? Generalkonferensen nedsatte en komité med en af viceformændene som leder af initiativet, og siden fulgte andre tiltag, som f.eks. en speciel hjemmeside[24], der skulle være med til at hjælpe menighedsmedlemmer til mere bibellæsning og et styrket bønsliv. Den indeholdt bl.a. en *Revived by His Word* plan[25] og en *777 Prayer Chain*.[26] Under Wilsons anden embedsperiode ser det ud til, at dette har mistet noget af sin første styrke.

KVINDERS ORDINATION

Gennem de første fem år med Wilson vakte spørgsmålet om ordination af kvindelige præster lige så stor opmærksomhed som 'vækkelse og reformation" planen. Det vil ikke være rigtigt at sige, at Wilsons eget synspunkt angående dette var den eneste medvirkende faktor i kirkens håndtering af denne udfordring, men det er tydeligt, at Wilson ikke var parat til at bruge sin indflydelse på at skabe en atmosfære, hvor problemet kunne være løst på en anden måde, der kunne have fået bred opbakning i menigheden.

Spørgsmålet om kvinders ordination har været til intens diskussion siden 1960'erne. I den fortsatte debat spiller både teologi, etik, kultur og tradition en rolle. Dertil kommer nu og da også kirkens regler og politik. For mange er det stadig mærkværdigt, at en kirke, der med stolthed peger på en kvindelig pioner, der hele tiden understregede betydningen af kvinders indsats i kirkens arbejde, er så tøvende med at anerkende kvinder helt på lige fod med mænd. Det er forståeligt, at det på grund af kulturelle fordomme kan være svært at anerkende ligestilling på dette område nogle steder i verden, men i den vestlige verden kan mange menighedsmedlemmer simpelthen ikke forstå, hvorfor deres kirke sakker sådan bagud i forhold til de etiske normer i verden omkring os.

De mange års debat har ført til situationer, der er stadigt vanskeligere at forklare. I 1984 besluttede kirken omsider, at det var på sin plads at ordinere kvindelige menighedsforstandere. Senere (år 2000) blev det også godkendt, at man kunne ordinere kvindelige menighedstjenere. I 1987 blev en ny bevillingsform indført, hvor mænd og kvinder, der havde ikke-pastorale stillinger i kirken, kunne få en 'kommissioneret prædikant' bevilling. Snart blev dette også taget i brug over for kvindelige præster. Som kommissioneret havde man stort set de samme muligheder som ordinerede præster, dog med få væsentlige undtagelser. Denne form for bevilling gælder kun indenfor det geografiske område, hvor den er udstedt, ligesom en kommissioneret person ikke kan vælges til formand for hverken konferens, union eller division. Der er ingen teologisk forklaring på dette, og når alt er sagt og gjort, er det stadig svært at forstå, hvorfor man kan ordinere kvindelige forstandere og menighedstjenere, men ikke kvindelige præster. Er der forskellige slags eller grader af ordination? Hvilken rationel teologi kan forklare den aktuelle situation?

Gennem årene har flere komitéer studeret spørgsmålet om kvinders ordination. Den seneste var den internationale TOSC *(Theology of Ordination Study Committee)*. Flertallet i den mere end 100 mands store komité læste og lyttede til adskillige indlæg og var samlet flere gange. Man nåede ikke til enighed, men flertallet konkluderede, at spørgsmålet om kvinders ordination i virkeligheden ikke drejer sig om teologi, men snarere handler om kultur og kirkelige retningslinjer. Dette var også konklusionen i de fleste rapporter fra *Biblical Research Committees* på divisionsplan. Uheldigvis blev det meste af dette materiale stort set overset under debatten i San Antonio.

Da de delegerede samledes i San Antonio, 2015, blev de præsenteret for et spørgsmål, der kunne besvares med et enkelt 'ja' eller 'nej'. Ville man give tilladelse til, at det blev overladt til den enkelte division selv at beslutte, om man inden for dens geografiske område ville ordinere kvindelige præster.[27] Efter en heftig – og til tider hård – debat – svarede 41,3% af de delegerede 'ja', mens 58,3% svarede 'nej'. Kun nogle få undlod at stemme. Hvis Wilson havde været villig til at følge Jan Paulsen, den tidligere verdensleder for Adventistkirken, ved at anbefale, at de enkelte divisioner fik denne frihed, ville resultatet sikkert have blevet anderledes – og ja-siden have vundet.

Under debatterne forud for og under generalkonferencen kom en forholdsvis ny teologisk teori til at spille en væsentlig rolle, - og den har vi sikkert ikke hørt det sidste til. Jeg tænker her på den ubibelske tanke om 'manden som hoved', hvilket antyder, at der skulle være en vis rangorden, der hedder: Gud – Kristus – mand – kvinde. Denne teori opstod i calvinistiske kredse i USA og blev indført i adventismen af Samuele Bacchiocchi (1938-2008), en konservativ teolog og populær forfat-ter, der som regel valgte at skrive om kontroversionelle emner. Teorien benytter en bestemt måde at læse Bibelen på.

'DEN BOGSTAVELIGE LÆSNING'

Mange af de nuværende diskussioner i Adventistkirken har med en speciel måde at læse og tolke Bibelen at gøre. Ted N.C. Wilson har gennem hele sin formandstid lagt vægt på, at Bibelens ord skal tages for pålydende. Han minder konstant sine tilhørere om faren ved alle former for historisk kritik og anbefaler kun nogle få nyere bøger om Bibelen, og hvordan den skal tolkes. Disse er udgivet af *Biblical Research Institute*.[28] Der er ingen tvivl om at Wilsons bibelsyn har styrket den altid tilstedeværende fundamentalistiske tendens inden for Adventistkirken.

Sammen med denne insisterende opfordring til at tolke Bibelen så bogstaveligt som muligt kommer også Wilsons stadige understregning af Ellen Whites skrifter og af først og fremmest at henvise til disse uanset, hvad vi udtaler os om. Denne ukritiske brug af hendes skrifter, uden tanke for den oprindelige kontekst, bliver varmt anbefalet af mange i kirken, men bliver kritiseret meget blandt andre. Wilsons prædikener er altid fyldt med citater fra Ellen Whites skrifter, der – selv om det modsatte hævdes – næsten synes at overgå Bibelens rolle.

Begejstringen for 'Profetiens Ånd' (som Ellen Whites skrifter ofte kaldes) kom dramatisk til udtryk i den verdensomspændende kampagne om spredning af ti millioner eksemplarer af bogen Den store Strid under den første Wilson periode. Dette initiativ fik også en noget blandet modtagelse. I nogle lande deltog mange menighedsmedlemmer ivrigt, og der blev trykt specielle udgaver af bogen i store oplag. Mange andre steder udgav man bare en forkortet udgave, der sikrede, at offentligheden ikke blev bombarderet med for meget anti-katolsk materiale. I nogle dele af verden – især i Vesten – var tilslutningen til dette projekt næsten lig nul eller begrænset til små grupper af indvandrere. Mange var imod denne kampagne og beklagede, at verdensledelsen ville gennemtvinge kampagnen uden at lytte til de seriøse indvendinger, som havde lydt. Dette kan ses som endnu et eksempel på topstyring og et billede på, hvordan kirkens topledelse har valgt at handle.

Vi har allerede henvist til *Biblical Research Institute (BRI)*, som er knyttet til kirkens hovedkvarter. Det blev oprettet i 1975 med den hensigt at rådgive ledelsen på det teologiske område, når der opstod læremæssige stridigheder; men også for at forske i sager af teologisk natur. Det mistede sin delvise selvstændighed, da det i 2010 blev knyttet direkte til verdenslederens kontor – og med en af næst-formændene som leder. På denne måde kan verdenslederen i højere grad kontrollere BRI's aktiviteter. De teologer, som arbejder for BRI, har traditionelt været temmelig konservative, og denne tendens er blevet yderligere forstærket gennem de senere år – med en øget fundamentalistisk og læremæssig strenghed til følge.

FUNDAMENTALISMEN OG SKABELSEN

Et af de vigtige dagsordenpunkter ved generalkonferencen i 2015 var en revision af kirkens 28 fundamentale trospunkter. Her var der gjort meget ud af at omskrive artikel 6 om skabelsen og henvisningen til en global syndflod (i artikel 8) som de mest kontroversielle aspekter. Dette forslag til revision skabte megen debat forud for møderne – og også under – og debatten vil helt sikkert fortsætte. To aspekter kræver lidt ekstra opmærksomhed.

Først og fremmest ser man en klar tendens til gøre vore læresætninger mere detaljerede. Det var ikke noget, der begyndte i San Antonio. Mange håber, at det snart vil standse og forhåbentlig vende igen. Et kort blik på historien bag *Fundamental Beliefs* byder nok på flere overraskelser for de fleste menighedsmedlemmer. Fra første færd nægtede pionererne i adventbevægelsen at sammenfattte deres synspunkter. Deres motto lød: 'Vi har ingen trosbekendelse udover Bibelen'. Man følte, at det at udtrykke en række trospunkter ville være det første skridt mod 'Babylon'. Det ville medføre, at man holdt op med at studere Bibelen uden forbehold. Kirkehistorien var et godt eksempel på dette, for når først en trosbekendelse er blevet anerkendt, er det næsten umuligt at ændre den. De første adventister var sluppet fri af de snærende trosbekendelser hos de kirkesamfund, som de kom fra, og de ønskede ikke at vende tilbage til noget, der lignede. Som tiden gik, var en så firkantet holdning ikke nok. Offentligheden stillede spørgsmål om Adventistkirkens tro og lære, og man var nødt til at besvare disse spørgsmål. I 1853 udgav James White, der var en af de første adventistledere og redaktør for kirkens officielle publikationer, den første enkle samling af vore trospunkter. I 1872 udgav kirken en lille tryksag med en liste med 25 'fundamentale principper'. Det var ikke formålet at formulere 'troslære' eller sikre 'ensartethed, men blot at give udtryk for det, som flertallet af adventister stod for.[29] Man søgte blot at give svar på spørgsmål og at imødegå falske udsagn. Ikke før 1931 samlede man noget mere. Det blev til 25 trospunkter, der tjente kirken indtil 1980. Ved generalkonferencen i Dallas i Texas vedtog de delegerede 27 'Fundamental Beliefs', hvortil man i 2005 føjede endnu et punkt (artikel 11). Dette skabte så, hvad vi i Danmark kalder Vores tro og lære – og kan findes sammenfattet på adventist.dk.

Dernæst er det klart, at kirkens topledelse gennem de senere år – dette gælder især Generalkonferensens formand sammen med en række konservative teologer – har søgt at stramme nogle af artiklerne i *Fundamental Beliefs*. Man satte specielt fokus på artikel 6, der handler om verdens skabelse. Teksten fra 1980 var allerede problematisk for mange videnskabsfolk og andre menighedsmedlemmer, der følte, at man skulle have givet mere plads til mindre bogstavtro fortolkninger af beretningerne om skabelsen og om syndfloden. Dette betragtede man imidlertid som en fare, man måtte gøre noget ved. Man måtte altså revidere artiklen sådan, at enhver form for smuthul, der kunne give plads for en eller anden teistisk form for evolution og tolkninger, der afveg fra den bogstavelige læsning af teksten, kunne lukkes.[30] De, der forsvarede den nye forklaring, var tilfredse, da afstemningen som forventet gik deres vej. Der var imidlertid mange i San Antonio og ud over hele verden – ikke mindst i Vesten, der blev skuffede eller værre. Denne indføring af ikke-bibelske udtryk i den nye tekst med den hensigt at understrege de syv skabelsesdage som virkelige døgn på 24 timer, og betoningen af, at skabelsen var en 'nylig' begivenhed, ligesom syndfloden var en 'nylig' global begivenhed, var et andet tragisk eksempel på et skred mod en yderst fundamentalistisk måde at læse Bibelen på. De følte, at Adventistkirken var ved at foretage den samme misforståelse, som da den katolske kirke dømte Galileo til at være en kætter.

Senere kommer vi til at sige mere, senere, om trospunkternes rolle i menigheden og i den enkelte kristnes liv. Postmoderne kristne er ikke særlig interesseret i læremæssige finesser, og de er meget imod at blive tvunget ind i en spændetrøje af læresætninger, som de skal sige ja til, hvis de skal betragtes som agtværdige menighedsmedlemmer. 'Flere og flere personer tøver med at slutte sig til kirken, hvis de skal sige ja til alle 28 trospunkter. I overensstemmelse med postmoderne tendenser vil de gerne forme deres egen tro og mener, at det er deres ret. Hvis dette ikke er muligt, vil de ikke i dåbsbassinet. Stadig flere af dem, der tidligere har tilsluttet sig kirken, føler sig ikke længere overbevist om hele pakken, eller hvor relevante nogle af de 28 læresætninger er for at være en godkendt adventist.

FJENDETÆNKNING
Blandt de forhold, som mange adventister – ikke mindst dem, der har mistet gnisten –, er utilfredse med, er den megen fokusering på en ydre fjende. Lige fra begyndelsen har man næret mistillid til andre religiøse grupper. Vor profetiske tænkning har peget på Babylon som en modpart til Guds sande menighed. Adventistkirken blev betragtet som 'Guds sidste menighed', 'en rest' blandt Guds folk i en verden, der var dømt til undergang. 'Babylon' ville til sidst forene sig med andre religiøse kræfter, især den romerskkatolske kirke, 'moderkirken' og hendes 'døtre', den frafaldne protestantiske kirke, som sammen med okkulte kræfter ville danne en ond og falsk treenighed. I de seneste årtier, så det ud til at denne tænkning, hvor det hed 'os' og 'dem' langsomt blev gradueret. Selv om de officielle profetiske standpunkter ikke blev ændret, blev der lagt meget mindre vægt på dem. Mange af de temmelig saftige gloser fra fortiden blev nedtonet. Adventistkirken var mere og mere parat til at anerkende andre som ægte kristne – om end med 'mindre lys' over de bibelske sandheder end 'den sidste menighed' havde modtaget. Skønt Adventistkirken ikke ønskede at

slutte sig til økumeniske organisationer som f.eks. Kirkernes Verdensråd og også frarådede dens nationale enheder at tilslutte sig nationale råd rent formelt, så synes der at være en generel vilje til at samarbejde med andre kristne på en række forskellige områder. Man har også deltaget i debatter og dialoger.

På det seneste ser det dog ud til, at ønsket om enegang igen vinder frem. Kirkens ledelse har gentagne gange advaret mod at læse bøger, der var skrevet af ikke-adventist teologer, ikke at lade andre end medlemmer tale ved vore gudstjenester, ikke skabe tætte økumeniske relationer og at afstå fra deltagelse i kurser og seminarer hos andre kristne. Medier, der bliver støttet af sådanne selvstændige organer som 3ABN, Amazing Facts, Amazing Discoveries, og forskellige ikke-officielle adventist foretagender, sender en stadig strøm af alarmerende og konspirationsprægede budskaber om endens tid, hvor de gammeldags angreb på alt katolsk og økumenisk ivrigt bliver tændt igen. For mange adventister 'i grænselandet' – såvel som for mange, der stadig befinder sig adventistfolden er denne fornyede fjendetænkning vanskelig at fordøje. Mange spørger, hvad dette har at gøre med nådens evangelium og en Herre, der allerede har besejret alle onde kræfter, og hvis genkomst er det håb, der 'brænder i vore hjerter'.

HOMOSEKSUALITET

Listen over bekymringer hos dem, der befinder sig i kirkens 'grænseland', er ikke komplet, men ét problem mere bør nævnes. Vi har allerede peget på, at mange medlemmer i den vestlige verden, finder det vanskeligt at forstå kirkens holdning i spørgsmålet om ordination af kvindelige præster. Dette har fået nogle til at forlade menigheden. De ønsker ikke at tilhøre en organisation, der fortsat diskriminerer kvinder, for de kan ikke se nogen gyldig teologisk grund for en sådan holdning. Tværtimod er de overbevist om, at Kristi evangelium kræver total ligestilling.

Mange adventister i den vestlige verden finder det også i stigende grad vanskeligt at acceptere kirkens holdning til homoseksualitet og forholdet mellem to af samme køn. Dette er især sandt for unge mennesker, men alle aldersgrupper synes at udtrykke en vis skepsis over for kirkens holdning. De træffer homoseksuelle og lesbiske personer i hverdagen; de er kolleger med dem på arbejdspladsen og træffer dem i flokken af venner. Nogle har endda søskende, der nærer en anden seksuel orientering end de selv, og de er meget opmærksomme på den kamp, disse kæmper for at blive accepteret på lige fod med andre.

Adventistkirken har gennem de senere år udstedt en række uheldige tilkendegivelser, hvori homoseksualitet bliver udpeget som én af en række alvorlige seksuelle afvigelser.[31] På det allerseneste har kirkeledere dog betonet betydningen af at behandle homoseksuelle og lesbiske på en kærlig og pastoral måde. Samtidig undlader man dog ikke at gøre opmærksom på, at en homoseksuel orientering ikke er en synd i sig selv, men at enhver form for homoseksuel aktivitet er helt uantagelig. Den eneste mulighed for homoseksuelle er at forblive enlige.

I henhold til kirkens officielle holdning vil Bibelens 'anti-homo' tekster lede til den uvægerlige konklusion, at en kristen må afstå fra homoseksuelle aktiviteter og ikke kan indgå noget seksuelt forhold til en anden af samme køn.[32] Andre hævder imidlertid, at disse tekster også kan læses og fortolkes i et andet lys, og at Bibelen aldrig omtaler den form for seksuelle forhold, som vi ser i dag (mellem to mænd eller to kvinder, der elsker hinanden og ønsker at forblive trofaste mod deres partnere hele livet). Igen er det svært for mange – ikke mindst i kirkens 'grænseland' – at acceptere, at homoseksuelle ofte møder vanskeligheder inden for Adventistkirken og bliver betragtet som anden-rangs medlemmer, som – selv om de er døbte – ikke bliver betroet embeder i menigheden.

DET STØRRE BILLEDE
I det foregående kapitel pegede vi på krisen i nutidens kristendom, og i dette kapitel på en række kontroversielle forhold i samtidens adventistkirke. Jeg tøver ikke med at kalde det en virkelig krise. Ikke alle vil naturligvis være enige, og der vil også være nogle, der kritiserer min analyse af tilstanden i kirken. Alt for ofte fokuserer man på en eller to detaljer i et argument, mens andre peger på det, de betragter for usikkert, mens de så konkluderer, at hele billedet er utroværdigt. Jeg vil gerne opfordre mine læsere til at betragte hele billedet, før de afgør

med sig selv, om dette er en fair skildring af virkeligheden. Jeg tror, det er det.

De tendenser, som jeg har beskrevet, resulterer ofte i et langsomt, men konstant frafald fra kirken. Mens vi fortsætter med at beskæftige os med de enorme udfordringer, som denne krise stiller Adventistkirken overfor, vil vi i næste kapitel se på den troskrise, som mange adventister oplever. Det er vigtigt at gøre sig klart, at alt dette sker ikke i et tomrum. Det, der sker i Adventistkirken, er i stor udstrækning, en genspejling af det, der foregår i vestlige, kristne kredse.

I fortsættelsen af det må vi også have tre andre elementer i tanke. (1) Man kan ikke betragte de nuværende tendenser inden for Adventistkirken isoleret fra tiden, der gik. Uden en vis viden om vores historie, kan vi ikke betragte tingene i det rette perspektiv. (2) Mange af de forhold, der spiller en væsentlig rolle i adventismens nuværende krise har noget at gøre med *hermeneutik*, d.v.s. hvordan man læser og fortolker Bibelen. (3) Forandring er mulig. Meget har ændret sig gennem adventisternes historie – noget til det bedre, andet til det værre. Jeg synes stadig, der er rum for forbedringer. Kirken kan indtage en mindre fundamentalistisk holdning til Bibelen. Ledelsen kan slække lidt på kontrollen og tillade – måske endda opmuntre til – at praktisere vores tro forskelligt på forskellige steder og under forskellige kulturelle forhold. Vi behøver ikke at være så firkantede i vores doktrinære overbevisning, som ofte antydet, selv om vi ønsker at forblive 'sande' adventister.

Mange forhold har ændret sig inden for kirken, men mange af ændringerne skaber bekymring i stedet for ro. Det vil fremgå klart af det følgende, at jeg håber på en udvikling, der vil bringe et pust af frisk luft – en *aggiornarmento* – ind i menigheden. Det er min overbevisning, at en sådan ændring er mulig, og det er baggrunden for min bog. Virkelige forandringer tager imidlertid tid og kræver derfor tålmodighed. Kirkehistorien bekræfter den kendsgerning, at de fleste forandringer havde en lang inkubationstid. Ændringer vil imidlertid ske, hvis der er nok, der ønsker dem, og hvis vi tillader Herrens Ånd at få råderum.

KAPITEL 4

Er der i grunden en Gud? Helt alvorligt?

Jeg var 10 år gammel. Henk, min to år yngre bror, havde i et stykke tid ikke følt sig godt tilpas. Vores lokale familielæge kunne imidlertid ikke finde ud af, hvad der var i vejen. Pludselig blev symptomerne så slemme, at han måtte indlægges på hospitalet. To uger senere var Henk død. En form for gigtfeber var ikke blevet opdaget i tide, og det blev skæbnesvangert. Vores familie var ikke særlig velstående, hvorfor han blev begravet i en anonym grav på kirkegården i landsbyen, hvor vi boede. Jeg kan stadig se hans skoleklasse samlet om den åbne grav, mens de sang for deres klassekammerat, og jeg kan huske den prædiken, som én af vore favorit-prædikanter holdt. Han var kommet fra Amsterdam for at holde begravelsen.

Jeg troede på Gud på min egen barnlige måde. Kisten stod i nogle få dage åben ude i vores entré, og der skulle vi hele tiden forbi den. Indtil begravelsen bad jeg inderligt, for jeg kendte jo de bibelske beretninger om døde, der på mirakuløs vis fik livet tilbage. Jeg var godt klar over, at det kun var noget, der skete en gang imellem, og at de fleste døde forblev i graven; men jeg bad om, at Gud ville gøre en undtagelse for min bror. Det syntes ikke logisk, at han ikke længere skulle være iblandt os. Til trods for mine bønner, gjorde Gud ingen undtagelse. Hvorfor ikke? Hvorfor tillod han, at Henk døde?

Bare nogle få år senere stod vi på den samme kirkegård for at sige farvel til min far. Han levede, til han blev 50. Efter en temmelig kompliceret tilværelse med megen sygdom og alvorlige tilbagefald havde han udviklet leukæmi. Den ulige kamp med denne form for cancer varede næsten seks år – en vanskelig tid for både ham og hele familien. Nu var far der ikke mere. Jeg var fjorten og faderløs. De seneste år havde jeg nu heller ikke rigtig haft en far, der kunne vise den omsorg, som alle drenge har brug for. Hvorfor skete dette for mig? Og for min mor og mine søstre? Hvorfor tillod Gud dette? Vidste han ikke, at vi troede på ham? Hvorfor ignorerede han os, og hvorfor greb han ikke ind?

Et par tiår senere – jeg var i fyrreårsalderen – døde min yngste søster 32 år gammel. Hun efterlod sig mand og tre små børn. En ondartet hjernesvulst havde gjort sit hurtige og ondskabsfulde arbejde. Det var igen et chok, som fik mig til at undres: Hvorfor tillader Gud, at sådan noget sker for en ung familie? Hvordan skulle disse børn klare sig uden en mor? Hvorfor Gud, hvorfor?

De fleste af os oplever øjeblikke – eller længere perioder – med lidelse eller andre vanskeligheder. Vi er klar over, at ingen af os er udødelige, og at en skønne dag vil vi miste vore forældre og andre ældre slægtninge og venner. Vi vænner os imidlertid aldrig til at miste venner i deres bedste alder, eller til at se børn, der dør på grund af cancer.

Jeg ved godt, at mange mennesker har haft en meget barskere tilværelse, end jeg har. Og når jeg tænker på de mange ofre for krigshandlinger, som må leve videre med livslange traumer, uden forældre, ægtefælle eller børn, så bliver mine ord så tomme, når jeg forsøger at beskrive, hvad de føler. Hvorfor tillader en almægtig Gud sådanne grusomheder?

I 1974 udgav Rabbi Harold Kushner bestselleren: *When Bad Things Happen to Good People*. I denne bog antyder han, at vi er i stand til at modstå nogen lidelse som en uundgåelig del af livet, men at det er en kendsgerning, at der er så mange uforklarlige lidelser, at vi forbløffes. Dette er endnu mere sandt, når vi betragter lidelsens problem som et hele. Mange lokalsamfund eller hele nationer har det elendigt. Tænk på de mange naturkatastrofer, der rammer vores planet oftere og oftere. Tusinder af uskyldige mennesker, der bliver begravet under ruinerne fra deres huse og fabrikker; tsunamier og skypumper, der forårsager frygtelige ødelæggelser og efterlader millioner af mennesker døde eller hjemløse. Hvorfor sker sådan noget?

Terrorhandlinger bringer massive lidelser og forstyrrer vores livsrytme. Vi kan ikke længere gå ombord i en flyvemaskine uden først at tømme vore lommer og kaste halvtomme flasker i affaldskurven, gennemgå grundige sikkerhedstjek etc. Vi finder kontrollører med metaldetektorer ved indgangen til offentlige bygninger og mødesteder, og vi bliver overvåget af kameraer hver eneste dag. Jeg har for ikke længe siden læst, at en person, der bevæger sig rundt i London, bliver filmet mindst 300 gange på en enkelt dag. Ikke desto mindre lykkes det terrorister at gennemføre deres angreb på sagesløse mennesker, der bare var på det forkerte sted den forkerte dag. Hvorfor sker alt dette? Hvordan kan IS og Boka Haram, narkotikakartellerne i Sydamerika og andre terroristorganisationer få lov til at fortsætte deres afskyelige gerninger?

Hvorfor har vi oplevet verdenskrige med deres millioner af ofre? Enhver, der kender bare lidt til verdenshistorien, har ikke bare hørt om første verdenskrig (1914-1918), men også om anden verdenskrig, krigen i Vietnam, de røde khmerers hærgen sidst i halvfjerdserne og folkemordet i Rwanda i 1994. Dertil kommer fjendtligheder i Sudan, Yemen, Irak etc. Der har været krige, som vi har behageligt glemt, andre steder på kloden – og i skrivende stund har de frygtelige begivenheder i Syrien allerede krævet tusinder af menneskeliv. Og sådan kunne vi fortsætte.

MEN HVORFOR?

I de foregående to kapitler har vi set på den dybe krise i vor tids kristendom og den udbredte mistillid til den etablerede kirke. Krisen stikker imidlertid langt dybere end manglen på tillid til kirken som institution. Mange af dem, der finder sig selv i kirkens 'grænseland', oplever også en personlig tros krise. De to forhold har naturligvis meget med hinanden at gøre, men troskrisen stikker dybere end bare en manglende tillid til kirken. Den påvirker i allerhøjeste grad vores tilværelse.

Ganske mange kristne, med rødder i mange forskellige kirkesamfund – fra ultra liberale til ultra konservative – oplever en krise, når det gælder troen. Dette er naturligvis ikke et nyt fænomen, men det synes alligevel at være mere udbredt end før. Det er heller ikke begrænset til en speciel alders-gruppe. Og ingen må et øjeblik tro, at adventister er immune over for denne krise. Mange unge adventister er ikke specielt optaget af, hvad der sker før, under og efter de tusinde år, som er omtalt i Åbenbaringsbogen kap. 20, eller hvordan det nu er, man når til årstallet 1844 ud fra Daniel 8 og 9. De ønsker at vide, om der virkelig er en Gud, og hvis det er tilfældet, hvorfor der sker så mange frygtelige ting i verden og i deres omgangskreds. Tragedien er, at de finder ret mange personer i kirken, der er parat til at give svar på alle detaljer i vore doktriner ved hjælp af langtrukne bibelstudier, men de er ikke i stand til at beskæftige sig med de alvorlige spørgsmål, som optager de unge. De er, ligesom mange før dem, kommet i tvivl, fordi de er skuffede over noget af det, der bliver sagt og gjort i kirken. De bryder sig ikke om de tendenser, der præger kirken. Men ofte stikker det endnu dybere. De spekulerer på, *om Gud virkelig eksisterer?* Og hvis han gør, hvordan kan vi så forklare alle verdens elendigheder med tanken om en almægtig Gud? Alt for ofte stiller mange af os det samme spørgsmål, som blev titlen på Philip Yancey's inspirerende bog: *Where is God when it hurts?*

ER GUD ALMÆGTIG OG KÆRLIG?

Et af de væsentligste spørgsmål, som mange kristne tumler med, er, hvordan vi kan forlige Guds kærlighed med den kendsgerning, at han regnes for almægtig? Når kristne forsøger at forklare, hvad Gud er, citerer de ofte den enkle, bibelske forklaring med tre ord: *Gud er kærlighed* (1 Joh 4,6). Gud er kærlighed i den renest mulige form. Dette, fortæller Bibelen os, kom stærkest til udtryk gennem Guds søn, Jesus Kristus, der kom for at tilvejebringe frelse for os. Men når vi taler om Gud, må vi også nævne hans andre egenskaber: Gud er evig (han har altid eksisteret og vil blive ved at eksistere), han ved alt, han kan være overalt på samme tid, og han er uforanderlig. Men han er altså også almægtig: hvilket betyder, at der ikke er nogen grænse for hans formåen. I Bibelen skildres han som skaber (ophavsmand) af universet og alt, hvad dette indbefatter. Og vi får at vide, at han har magt til at skabe en ny himmel og en ny jord, når historien, som vi kender den, når til sin afslutning.

Der har du altså det dilemma, som millioner af mennesker – inklusiv mange syvende dags adventister – ikke kan løse. Hvis Gud er helt og fuldt kærlighed og har ubegrænsede kræfter, hvorfor er der så så megen lidelse? Hvorfor griber Gud ikke ind og beskytter de skabninger, som han menes at elske? Vi har lyst til at sige til Gud: 'Giv os en forklaring på det! Hvad siger du til dit forsvar? Hjælp os til at forstå, hvorfor du tilsyneladende holder dig tilbage i stedet for at gribe ind og standse alt ondt og ødelæggende. Få os ud af det morads, som vi så ofte befinder os i'.

Dette reflekterer Steve Jobs' erfaring. Han var geniet og grundlæggeren af Apple imperiet, men døde i 2011 af en kræftsygdom. I sin ungdom gik Jobs i kirke om søndagen, men han mistede troen, da han var tretten. Han spurgte sin lærer i søndagsskolen: 'Hvis jeg rækker fingeren op, vil Gud så vide på forhånd, hvilken finger det drejer sig om? Da læreren svarede: 'Ja, for Gud ved alt', hev Steve Jobs et eksemplar af tidsskriftet Life op af lommen. På forsiden så man et billede af et par hungrende børn fra Biafra (Nigeria). Så spurgte han læreren, om Gud også kendte til disse børn. Det eneste svar Steve fik var: 'Steve, jeg ved, at du ikke forstår det – men ja. Gud kender også dem'. Det svar var Steve Jobs ikke tilfreds med. Han forlod kirken og vendte aldrig tilbage.[1]

Teologerne bruger et teknisk udtryk for dette emne. De kalder det for teodicè (af græsk *theos* gud og *dike* retfærdighed). Med andre ord: Hvordan kan Gud retfærdiggøre sin manglende indgriben, når vi lider? På internettet fandt jeg følgende slående forklaring og definition: Teodicé er forsvaret for Guds godhed og almagt midt i en ond verden'.[2]

Det, at skulle forene Guds kærlighed med hans almagt, er for mange mennesker et uløseligt problem, der fører dem til denne konklusion: Der findes ikke en kærlig Gud! Tænkere har imidlertid aldrig kunnet acceptere denne skæbnesvangre konklusion og har forsøgt at finde et svar, der kunne tilfredsstille dem. Jeg har læst nogle få af deres til tider komplicerede bøger om teodicé. Måske den mest læseværdige og informative bog om emnet, som jeg har læst, er Richard Rice's bog

Suffering and the Search for Meaning. Undertitlen er med til yderligere at klargøre, hvad Rice forsøger at gøre: At give *Svar på Lidelsens Problem.*

Dr. Rice er professor i teologi ved Loma Linda University i Californien, men han kræver ikke teologiske forkundskaber af sine læsere. I sin let tilgængelige bog giver han et overblik over måder man kan angribe *hvorfor* spørgsmålet på.[3] Her følger et forsøg på at opsummere disse: Det første synspunkt er, at ethvert forsøg på at retfærdiggøre Gud er dødsdømt. Vi kan på ingen måde forene elendigheden i verden med en almægtig og kærlig Guds eksistens. Der er imidlertid fem mulige løsninger på spørgsmålet *hvorfor.*

1. Vi begynder med den tanke, at al lidelse og elendighed på mystisk vis er en del af Guds plan for mennesker. Det skal indrømmes, at vi ikke altid forstår, hvorfor Gud godkender eller tillader meget af det, der sker. Han gør imidlertid ingen fejltagelser, og vi må stole på, at alt falder på plads, når han ser tiden er inde til det.
2. Man kan ikke give Gud skylden for, at der er så megen lidelse i verden. Det er et resultat af menneskets frie vilje. Gud ønskede ikke robotter, hvorfor han skabte mennesker, der kunne elske og tjene ham ud fra eget valg. Gud løb en risiko ved at gøre dette, da det kunne gå galt; men dette gør ham ikke ansvarlig for vore dårlige valg – altså heller ikke for alle verdens lidelser.
3. Vi kan måske ikke finde en forklaring på alt det onde, vi ser og oplever, men vi kan værdsætte den kendsgerning, at de fleste af vore oplevelser har en indbygget mulighed for at kunne stimulere vores indre vækst og hjælpe os til åndelig modenhed.
4. Der raser en kosmisk strid mellem det gode og det onde, - og mennesker spiller en rolle i denne strid mellem lysets og mørkets kræfter. Kristne syvende dags adventister har traditionelt valgt denne tilgang og kalder denne kosmiske strid for 'Den store strid'.
5. Endelig er der dem, der vælger et anderledes svar. De hævder, at vi skal revidere vort udgangspunkt. Gud er ikke alvidende, ej heller almægtig i ordenes klassiske betydning. De påstår, at Gud ikke ved nøjagtig, hvordan vi vælger at bruge den frie vilje, og han er ikke i stand til at gribe ind, når vi træffer de forkerte beslutninger.[4]

Richard Rice's bog er værdifuld, fordi den giver et sådan forståeligt overblik over forskellige muligheder, hvorefter han påpeger både de svage og de stærke sider ved dem. Yderligere er det positivt, at forfatteren også beskæftiger sig med problemets personlige dimension. Menneskelig lidelse, siger han, er ikke bare et filosofisk og teologisk problem (i virkeligheden foretrækker han udtrykket mysterium). Før eller senere rammer det os alle meget personligt. Rice mener, at vi kan kombinere dele af de forskellige synspunkter, idet vi forsøger at finde 'brudstykker af en mening' og håber at finde trøst og hjælp, når personlige katastrofer rammer os.

Personligt, kan jeg, som Rice, se noget godt i flere af de antydede 'løsninger'. Jeg er nok mest tiltrukket af den mere uortodokse løsning i punkt fem, end jeg er ikke parat til en langtrukken diskussion om dette emne. Som præst og teolog synes jeg, det er en interessant diskussion, men jeg er også klar over, at hvorfor-spørgsmålet – for de fleste mennesker – ikke kan løses gennem akademiske diskussioner. Hvilke argumenter vi end bruger, føles det ikke trygt, at en kærlig Gud, der er almægtig, ikke forhindrer eller standser den lidelse, som vi personligt oplever. Ej heller den elendighed, som vi ser på tv-skærmene hver eneste aften. Hvis der findes et svar, nås det ikke gennem logiske argumenter, men det vender vi tilbage til senere.

INTELLEKTUEL TVIVL

Gennem hele kristendommens historie er der mange, der har tvivlet på Guds eksistens mens andre har gjort alt, hvad de kunne for at 'bevise' at den kristne Gud må være til.[5] Disse 'beviser' har sædvanligvis fulgt det samme mønster: Enhver effekt må have en årsag, og årsagen må også have en årsag o.s.v. Det leder til, at der må være en første årsag til begyndelsen af alting: Gud. Andre har ført denne tankegang endnu længere ved at argumentere for, at hvis vi kan forme en idé om Gud, som er evig, almægtig og alvidende, så beviser det, at der findes en sådan Gud, for en idé, som denne, kan simpelthen ikke opstå i et sind med menneskelige begrænsninger, medmindre den fostres af en Årsag (med stort Å). Vi bliver også mindet om, at mennesker generelt set følger nogle moralske normer, der kun kan forklares ved, at et Moralsk Væsen på en eller anden måde har nedlagt disse moralprincipper i mennesket.

De mest berømte 'argument' for Gud har dog været: Hvis vi vandrer gennem skoven og pludselig støder på et hus med en velholdt have, regner vi med, at nogen har bygget huset og anlagt haven. Eller når vi undersøger værket i et ur, forestiller vi os ikke, at uret er blevet til gennem en eller anden mystisk spontan udvikling eller 'big bang' engang i fortiden. Vi regner med, at en eller anden urmager af kød og blod er ophavsmanden. På samme måde, når vi studerer universet og finder en afgjort systematik, siger fornuften os, at der må findes en Skaber, der har sat kosmos og verden i system. Når der findes en eller anden form for design, peger det mod en designer. Selv om denne forklaring mistede megen slagkraft, da Charles Darwin og andre evolutionister fremsatte deres teorier og en gradvis udvikling af plante- og dyrelivet, så har den fået et interessant comeback blandt nogle kristne forskere.

I dag er der ikke mange, der finder de traditionelle 'Gudsbeviser' overbevisende. Mange kristne, der fuldt og fast er overbevist om Guds eksistens, indrømmer faktisk, at det ikke kan lade sig gøre endegyldigt at bevise, at Gud er til. Selv om det er svært, eller næsten umuligt, at tilvejebringe absolutte beviser for Guds eksistens, *så er det endnu vanskeligere at bevise, at der ikke findes en Gud.*

Bare tænk på denne simple illustration. Det er ikke så svært at bevise, at der findes flodheste. Man ser dem i de fleste zoologiske haver. Det ville derimod være næsten umuligt at bevise, at der ikke findes *blå* flodheste. Man ville være nødt til at gennemsøge selv de fjerneste og mest utilgængelige steder på kloden. Så længe det ikke er gjort, kan man ikke være absolut sikker.

I de fleste tilfælde af intellektuel tvivl omkring Guds eksistens, hjælper det ikke noget at forsøge at 'bevise', at han lever og hersker. Man må, som vi skal se, benytte sig af andre metoder. I mellemtiden må vi dog ikke glemme en anden vanskelighed for dem, der kæmper med deres tro.

HVORFOR KRISTENDOM?
Den vestlige verden er ikke længere gennemsyret af kristendom. Der bor mange med ikke-kristne religioner iblandt os, og mange af os har

rejst til steder, hvor vi har mødt islam, hinduisme, buddhisme eller andre ikke-kristne trosretninger. Dette har ført til, at mange nu stiller spørgsmålet: Hvis der findes en Gud, hvem er han så? Er han de kristnes Gud eller måske muslimernes Allah? Eller findes der i virkeligheden mange guder, som f.eks. hinduismen hævder?

Hvordan kan kristne være så overbeviste om, at deres religion er bedre end alle andre religioner? Hvilket kriterium har de for at afgøre, at deres religion er den sande, eller i det mindste hævet over andre religioner? Kan man ikke forestille sig, at alle religioner har lige stor værdi? At de måske alle er lige gode til at finde livets dybere mening? Betyder det faktisk noget, om man kalder det højeste væsen for 'Gud' eller 'Allah'? Gør det den store forskel, om du finder den indre fred hos Buddha eller hos Jesus Kristus? Betyder det noget, om du tilbeder i et hinduistisk tempel eller tænder et lys i en katolsk domkirke? Forsøger alle religioner ikke det samme: at skabe forbindelse mellem os og det ukendte – uden for os selv? Alle disse spørgsmål kan også være årsagen til den udbredte tvivl.

Eller set fra en anden synsvinkel: Har de mennesker ret, der siger at alle religioner er et produkt af menneskers fantasi – og intet andet?

SPØRGSMÅL OM BIBELEN

Mange, der stadig tror på Gud, og som foretrækker kristendommen frem for nogen anden religion, kæmper med deres forståelse af Bibelen. Dette er især sandt for mennesker, der voksede op i et kirkesamfund med en temmelig bogstavtro forståelse af Bibelen. Hvis Bibelen beretter, at en mand overlevede et længere ophold i bugen på en fisk, og at en slange og et æsel talte et genkendeligt sprog, så må det have forekommet. Men for mange, der tidligere var villige til at tro på dette, er det ikke længere så enkelt. Dette er også sandt for mange syvende dags adventister. Skønt Adventistkirken officielt vender ryggen til fundamentalisme, og adventistteologien ikke vedkender sig verbal inspiration, så er forholdene i virkeligheden helt anderledes

Måske skulle vi først se lidt på de to udtryk, *fundamentalisme* og *verbal inspiration*. I vore dage bruges udtrykket 'fundamentalisme' ret bredt. I håndbogen *Kirke og Kristendom* hedder det at 'i kristen sammenhæng er det en betegnelse for tro på Bibelen i bogstavelig forstand. Fundamentalisme bygger på en forestilling om verbalinspiration, der går helt tilbage til oldkirken'. I dag er det en bevægelse inden for det tyvende århundredes protestantisme, der foretrækker en bogstavtro tolkning af Bibelen som grundlæggende for kristnes liv og lære.

En gruppe teologer, der var forfærdede over den øgede indflydelse med liberale tendenser i mange nordamerikanske kirkesamfund, forfattede en række skrifter for at bekæmpe det, de så som en skæbnesvanger trussel mod amerikansk protestantisme. Disse skrifter blev kendt som 'fundamentale' og førte til udtrykket fundamentalisme.

Verbalinspiration er teorien om at hvert eneste ord i Bibelen er inspireret. Man indrømmer dog, at dette kun kan gælde de enkelte ord i grundteksterne (på hebraisk, græsk og aramæisk), men hovedtesen er, at de bibelske forfattere kun var pennebærere, der nedskrev, hvad Helligånden sagde til dem. Fordi hvert enkelt ord var 'dikteret' af Ånden, kan Guds ord ikke indeholde fejl, altså er de ufejlbarlige. Bibelen er på alle områder historisk troværdig, og hvis Bibelen er i konflikt med videnskaben, så har Bibelen ret.

Før 1920'erne havde adventisterne mere og mere nærmet sig en teori om 'tankens' inspiration, hvilket betyder at de bibelske skribenter skrev om de tanker, som Gud gav dem, men med egne ord og med deres helt egen skrivestil. Ellen White var blandt dem, der gik ind for denne opfattelse.[6] Under den kendte 'Bibel-konference' i 1919 talte adventisternes ledere også varmt for denne idé.[7] Efterhånden som den fundamentalistiske bevægelse vandt frem i USA, påvirkede den også Adventistkirken, og teorien om 'verbalinspiration' begyndte at dominere, både når det gælder Bibelen, men også de profetiske skrifter, der kom fra Ellen White. I årenes løb har fundamentalist- tendensen inden for adventismen løjet noget af, men den er stadig et problem. For en stor gruppe adventister er denne tendens til fundamentalisme uspiselig, fordi den lægger op til en meget snæver tolkning af spørgsmålet om inspiration.

Tre forhold i Bibelen har skabt speciel ængstelse hos mange kristne
– også syvende dags adventister – bibellæsere: (1) Det gamle Testamentes beskrivelse af vold og grusomhed; (2) Udsagn, der strider mod videnskab og sund fornuft; (3) Mirakuløse begivenheder – herunder også Jesu opstandelse og himmelfart.

I øjeblikket er Koranen udsat for hyppige og voldsomme angreb. Politikere og medier giver ofte den skylden for at inspirere til 'radikal islamisme', med hellig krig (*jihad*) mod ikke-muslimer, dens nådesløse *Sharialov* og dens systematiske diskriminering af kvinder. Diskussionen standser imidlertid ikke her, for det understreges ofte, at Bibelen indeholder lige så megen grusomhed, og at den ligesom Koranen er med til at understøtte vold og endda folkedrab. Endnu skarpere hævdes det, at det var selve Bibelens Gud, der om og om igen beordrede mænd, kvinder og børn udryddet!

Selv de, der fastholder et temmelig fundamentalistisk syn på Bibelen, må indrømme, at Det gamle Testamente ikke er den mest behagelige læsning. Detaljerne i det, der skete, er til tider direkte grusom. Jeg har ikke regnet på det selv, men nogen har og viser resultatet på internettet. 'På næsten hver anden side i GT slår Gud nogen ihjel... I alt dræber Gud i alt 371,186 personer og giver befaling til at dræbe yderligere 1.862.265.[8] Det er ikke svært at nævne eksempler fra denne række af voldsomme drabstilfælde. Gud druknede hele jordens befolkning på nær otte (1 Mos 7,21-23; lige før Israel drog ud af Egypten, besluttede Gud at dræbe alle førstefødte, egyptiske børn, fordi Farao var stædig (2 Mos 12,29); i 1 Sam 6,19 læser vi, hvordan Gud dræbte en gruppe børn, der havde gjort nar af profeten Elisa – o.s.v.

Og hvad skal vi tænke om beretningen, hvor Abraham får besked på at ofre sin søn Isak? For Larry King, der i årevis var vært for det populære *Larry King Live* show, diskvalificerede det Gud for altid.[9]

Og hvad skal vi gøre med beretningen om dommeren Jefta, der var parat til at ofre sin datter, fordi han havde aflagt et overilet løfte til Gud (Dom 11,30-39)? Og med hensyn til ofre, hvad er det for en Gud, der nyder drabet af titusinder af dyr til sin ære og forherligelse? Ifølge

2 Krøn 7,5 ofrede kong Salomon 22.000 stk. kvæg og 120.000 får og geder, da templet, som han havde bygget i Jerusalem, skulle indvies. Kan du forestille dig et sådant blodbad?

SKABELSE

Der er få forskere, der har angrebet Bibelens beretninger om skabelsen og syndfloden så voldsomt, som den britiske videnskabsmand Richard Dawkins. Den følgende udtalelse fra ham lader ingen tvivl tilbage om, hvordan han ser på Bibelen: 'Man skal naturligvis studere Bibelen, men absolut ikke som en virkelig historie. Den er fiktion, myter, poesi og alt andet end virkelighed'.[10] Maarten't Hart, en hollandsk forfatter med biologisk uddannelse, har lidt af det samme budskab til sine læsere. Hans bog om sin mor[11] har et kapitel, hvor han henviser til en diskussion, han havde med hende omkring Noas ark. Ikke alene er det morsom læsning, men samtidig en afsløring af den slags spørgsmål, som mange bibellæsere stiller. Når Maarten't Hart skriver om religion og om tro, er han meget kynisk, men han viser samtidig et omfattende kendskab til Bibelen, og han kommer ofte med argumenter, som får mange af hans læsere til at stille sig undrende i forhold til sandfærdigheden af de bibelske fortællinger. Han forsøgte at overbevise sin mor om, at hendes bogstavelige tolkning af syndfloden var forfærdelig. Han sagde, at han havde foretaget nogle beregninger om Noas ark. Bibelen antyder, at denne båd var stor nok til alle dyrearter – med et par af alle 'urene' dyr og syv par af alle de 'rene' dyr. Maarten anslog antallet af dyrearter til at være omkring to millioner, og derfor måtte mere end ti millioner dyr have passeret gennem arkens smalle porte i løbet af en umulig, kort tidsperiode. Bortset fra denne utrolige tanke, hvordan fandt så disse dyr vej til arken? Visse sneglearter findes kun i Skandinavien. De flytter sig højest fem meter om dagen, hvilket betyder at turen har varet i årevis. Dertil kommer, at de ikke lever ret længe og ville dø undervejs. Og hvad med føde til alle disse dyr undervejs? Hvordan kunne Noa være sikker på, at dyrene ikke dræbte hinanden? Og tænk på al gyllen, o.s.v., o.s.v.

Nu er det jo ikke sikkert, at Maarten's definition af dyrearter er den samme som den, der benyttes af den bibelske forfatter, men han afslører bare den samme tvivl, som mange af skabelsesberetningens læsere lufter.

For en tid siden var jeg i Australien, og jeg var naturligvis ivrig efter at se kænguruer. Kænguruer er bare en form for pungdyr, der dog alle findes i Australien, hvilket er årsag til mange videnskabelige problemer, som også får mig til at undres over de bibelske beretninger. Jeg kunne ikke lade være med at spekulere på, hvordan disse dyr kunne have 'hoppet' fra 'down under' til Mellemøsten og tilbage til Australien igen. Selv om, der muligvis ikke var noget vand imellem før Syndfloden, så må der have været det efter sådanne vandmasser, som Bibelen beskriver. Jeg ved, at jeg ikke er den eneste person i Adventistkirken, der har sådanne problemer.

Mange unge føler sig forvirret, når de begynder på en ungdomsuddannelse og hører om evolutionslæren. Nogle vil frimodigt fortælle deres biologilærere, at de tager helt fejl, og at de selv ikke kan tro på sådan nogle videnskabelige skrøner. De holder fast ved det, de har hørt fra deres forældre og i kirken: at Gud skabte verden på seks korte dage. Alle disse moderne tanker om en langsom udvikling gennem millioner af år kan ikke være sande. Det er ikke alle deres kammerater, der er lige så sikre. Måske har videnskaben ret alligevel? Biologibøgernes indhold synes mere logisk end Bibelens historier. Ydermere ser det ud til, at de fleste, der har tænkt lidt over det, føler, at nok er Bibelens fortælling en smuk historie, men man må forstå den som en myte og ikke som en historisk beretning. Kan alle disse vel uddannede mennesker tage fejl?

Dette er ikke bare noget, der angår teenagers, som er vokset op i et kristent miljø og gradvist bliver kritiske i forhold til det, forældrene siger – eller til præster, der hævder, at de skal tro på det, som Bibelen siger. Jeg kender ganske mange, endda blandt mine jævnaldrende, der har troet på skabelsesberetningen i det meste af deres liv, men nu indrømmer, at de ikke længere er alt for sikre. De er blevet lidt skeptiske, når det gælder en bogstavtro tolkning af Bibelens første få kapitler. De synes simpelthen, at der er for mange løse ender. Hvis man antager, at alle mennesker nedstammer fra de samme to – Adam og Eva, hvordan forklarer vi så, at der er så mange menneskeracer? Og hvor passer så brontosaurus og tyrannosaurus rex og alle de andre dinosaurer ind i historien?

Mange andre og lignende spørgsmål dukker op i sindet hos mange mennesker. Stammer alle verdens lidelser og elendighed fra det ene tilfælde af ulydighed, hvor der blev spist af frugten i en smuk have? Hvorfor er der i øvrigt to skabelsesberetninger – én i Bibelens første kapitel – og en anden i kapitel 2? Hvad gør vi ved de tilsyneladende forskelligheder i de to udgaver?

Jeg ved, der findes svar på disse og mange andre spørgsmål. Nogle mennesker er tilfredse, når de hører disse svar og lægger tvivlen bort. Men for mange tvivlere er svarene ikke overbevisende nok. De er for enkle, og for hvert problem, der løses, dukker ti andre op.

MIRAKLER

En uge før jeg begyndte at skrive dette kapitel, deltog jeg i et seminar i et kirkehistorisk selskab, som jeg er medlem af. Temaet for dagen var middelalderlige mirakler. Det var meget fascinerende at lytte til to eksperter, når det gælder Middelalderens kirkehistorie. De beskæftigede sig med forskellige synsvinkler på tro i forbindelse med mirakelberetninger i middelalderen, og hvad disse beretninger afslører med hensyn til den tid, hvor de opstod. Jeg kendte godt nogle af de beretninger, som de omtalte, men nogle af dem var helt nye for mig. Jeg havde aldrig hørt beretningen om brødet, der blev til en sten. Dette mirakel skulle være sket i den hollandske by Leyden i 1316. Netop dette år var høsten meget ringe, hvilket forårsagede hungersnød i byen. En kvinde i byen havde haft held til at få fat på et brød. Hun delte brødet i to, spiste den ene halvdel og gemte den anden i spisekammeret. Dette opdagede naboen ved siden af og tryglede hende om at få den sidste halvdel af brødet. Den heldige, der havde brødet, nægtede at dele, hvilket førte til en bitter strid mellem de to kvinder. Efter en lang diskussion udbrød kvinden, der havde gemt brødet: 'Gid Gud vil forvandle brødet til en sten!' Gud besvarede prompte hendes ønske. Brødet blev til en sten, der stadig kan ses i det smukke *Lakenhal* museum i Leyden.

Der er ikke mange moderne mennesker, der har tillid til sådanne mirakel-historier. De passer ikke rigtig ind i vores opfattelse af, hvordan ting virker. Gennem århundreder har der også været mange, som har været skeptiske, når det gælder de bibelske beretninger om mirakler i både Gamle og Nye Testamente. Antallet af skeptikere har været støt stigende, lige siden vi er begyndt at finde logiske forklaringer på de fænomener, som man før i tiden betragtede som mirakuløse hændelser. Bibelens mirakel-historier stemmer ikke helt overens med vores hverdag. Hvis vi har tabt noget i vandet i en flod eller en kanal, er der ingen profet, som kommer os til hjælp, sådan som Elisa oplevede det ifl. 2 Kong 6,1-7. Og hvis vi er tørstige og leder efter et sted, hvor vi kan slukke tørsten, dukker der ingen kilde op, hvor der ingen var for nogle øjeblikke siden. Sådan skete det imidlertid, da Hagar var ved at dø i ørkenen. Hun fandt pludselig en brønd, der ikke havde været der lidt før, da hun hvilede på samme sted (1 Mos 16,8-21).

Miraklerne, der bliver omtalt i Ny Testamente, blev for det meste udført af Jesus, men også af hans disciple, ligesom de oplevede mirakler, når de mødte udfordringer på deres missionsrejser. Vi læser om Jesus, der helbredte syge mænd og kvinder for både fysiske og mentale lidelser. Han oprejste endda et par personer, der var døde, ligesom vi hører om, at han forvandlede vand til vin, bespiste tusinder af mennesker med nogle få brød og fisk. I manges ører lyder disse beretninger lige så usand-synlige som beretningen om et brød, der blev til sten i det fjortende århundredes Leyden.

Skal vi virkelig tage alle disse bibelske beretninger for pålydende? Gælder det også miraklet over alle, Jesu Kristi opstandelse? Eller kan vi forstå, hvad der skete med Jesus, på en anden måde? Kan opstandelsen eventuelt bare have en åndelig betydning? Kunne det være, til trods for deres Mesters tragiske død, at disciplene begyndte at få øjnene op for den store betydning, at det han havde undervist dem i og de værdinormer, som han repræsenterede, fik Jesus til igen at bo i deres hjerter?

Rejser jeg for mange spørgsmål? Er der nogen af mine læsere, der nu brænder efter at vide noget mere om mine egne tanker og ønsker at få nogle svar, i stedet for hele tiden at blive konfronteret med stadig flere spørgsmål. Vær tålmodig lidt endnu, for jeg lover, at jeg vil forsøge at foreslå nogle svar, idet vi fortsætter.

TEOLOGERNES UDSAGN OM GUD

Teologer og bibelforskere forventes at hjælpe os på vej i vores trospilgrimsfærd. Mange af dem ser det heldigvis som deres hellige pligt og har hjulpet utallige mænd og kvinder til at håndtere deres tvivl på en konstruktiv måde. Men der er også nogle teologer, der bare har fået tvivlen til at blive større hos mange af de mennesker, der har lyttet til dem og læst deres bøger. Der findes teologer, der fornægter muligheden af 'åbenbaringer' i den klassiske betydning. De understreger det menneskelige element i Bibelens tilblivelse så meget, at der bliver meget lidt af det guddommelige tilbage. En teolog udtrykte det på denne måde: 'Alt ovenfra kommer nedenfra'.[12] En anden udtrykte sig endnu mere fjendtligt og sagde: 'Gud er så stor, at han ikke behøver at være til'.[13] Dette betyder i virkeligheden, at Gud er et produkt af vort eget tankespind. Vi skaber vores egen idé om Gud.

For mange trofaste troende var det – og er – et chok, at høre prominente teologer benægte det, som de altid har anset for at være kernen i deres kristne tro: Gud er til, og han har åbenbaret sig selv gennem Bibelen (det skrevne ord) og gennem Jesus Kristus (det levende ord). Mange troende ryster bare på hovedet og betragter sådanne udtalelser som bevis på, at Satan forsøger at infiltrere kirken med løgn. Andre er bare blevet så dybt påvirket af disse tanker, at de blot bliver bekræftet i deres egne overvejelser. De har bare ikke selv kunnet udtrykke sig lige så godt.

Vi finder en spejling af denne tanke – at alt, hvad vi siger om det oventil, kommer nedefra – i den måde, hvorpå mange postmoderne mennesker tænker og udtrykker sig om Gud. De siger, at de tror på Gud, men deres opfattelse af Gud er slet ikke baseret på Bibelen alene. Den bibelske Gud er ikke en Gud, der tiltrækker dem. Deres Gud er ofte en mærkværdig blanding af elementer, som de har hentet fra mange forskellige kilder – bevidst eller ubevidst. Deres Gud kommer afgjort nedefra.

HVORDAN HÅNDTERER VI SÅ TVIVLEN?

Tvivl er ikke et nyt fænomen. I en meget læseværdig bog, baseret på grundig research, fortæller historikeren Jennifer Michael Hecht om tvivlens former i forskellige perioder af historien.[14] Hun skitserer tvivlens historie helt fra det antikke Grækenland op til vor tid. Jeg håber, at dette kapitel har givet en kort, men nyttig oversigt over de former for tvivl, som vi møder i vor tid – og dermed også årsagen til den tvivl, som findes hos mange, der lever i kirkens grænseland. Jeg har lagt vægt på, hvordan det forstyrrende *hvorfor* synes at blive større og større hos mange kristne. Kan der være en kærlig Gud, når der er så megen lidelse? Hvis ja, kan han så være almægtig? Vi har fokuseret på de vanskeligheder, som mange har, når de læser Bibelen, samtidig med at de forsøger at forholde sig til vor tids videnskabelige verdensbillede. Og så har vi set, hvordan mange stiller sig over for mirakler og overnaturlige hændelser. Hvad stiller vi op med al denne tvivl?

Før vi forsøger at komme med nogle svar, må vi nævne endnu en form for tvivl. Dybt nede bliver vi, på trods af alle disse tvivlsspørgsmål, ved med at tro, at Gud er til, og at Bibelen er en helt speciel bog; men hvad med nogle af kirkens trospunkter? Dette er ikke unikt for syvende dags adventister, men nok i højere grad end hos kristne i andre kirkesamfund. Årsagen er ganske enkelt, at Adventistkirken insisterer på, at hvis vi vil være 'rigtige' adventister, så må vi tro på alle kirkens fundamentale trospunkter. Dette er problematisk for mange, og de spørger sig selv, om alle disse trospunkter har en solid baggrund i Bibelen. Vi vil se nærmere på dette i bogens næste kapitel.

KAPITEL 5

Kan jeg stadig tro på dette?

(Lad mig advare dig. Dette kapitel indeholder mange detaljer, - måske for mange for nogle læsere. Jeg håber dog, at du vil holde ud sammen med mig, for det, der følger, har betydning, hvis du ønsker at betragte hele billedet. Tag en dyb indånding og kast dig ud i det. Du får måske mere ud af det, end du forventer.)

Kirkesamfund er forskellige. De har hver især noget, der kendetegner dem i forhold til andre samfund, og disse forskelle kan have stor betydning. Selvom protestanter og katolikker har meget til fælles, er der også store forskelle, og det ser ikke ud til, at forsøget på at slå bro over svælget vil lykkes foreløbig. Desuden er der jo store forskelle protestanterne imellem. Liberale kirker befinder sig teologisk milevidt fra konservative kirker. Trossamfund, der er beslægtede (som f.eks. baptister, lutheranere, metodister o.s.v.), står naturligvis hinanden meget nær. Men selv her er der specielle synspunkter, der adskiller dem, for hvis ikke en kirke har nogen bestemte læresætninger eller traditioner, mister den sin eksistensberettigelse.

Nogle mennesker er medlemmer af et specielt trossamfund, fordi de blev født ind i det og voksede op her. Det er ikke sikkert, at de kan gøre rede for, hvorfor deres menighed adskiller sig teologisk fra en anden i den samme trosfamilie. Det gælder f.eks. de forskellige reformerte kirker i mit eget land, Holland. Disse kirker, der alle har rod i calvinismen, har ofte skilt sig ud på grund af teologiske divergenser, som deres medlemmer ikke helt forstår. Jeg har f.eks. truffet medlemmer i kirke A., som i virkeligheden tror det samme som kirke B og omvendt.

Mange bekymrer sig ikke alt fr meget om teologiske detaljer. De overlader teologien til deres præster eller teologiske professorer; men andre forsøger at finde svar på deres seriøse spørgsmål. De spekulerer ofte og tænker: *Kan jeg stadig tro på min børnelærdom?* Hvis dette ikke er tilfældet, hvor alvorligt er det så? Kan jeg stadig gå ind for det, jeg er opdraget til, nu hvor jeg skal konfirmeres eller døbes? Eller har jeg flyttet mig så meget, i forhold til det jeg blev oplært i, at jeg med god samvittighed kan blive ved med at være medlem i min kirke. Tvivlsspørgsmål vedrørende visse læresætninger har ledt disse mennesker ud i kirkens grænseland. Dette kan godt være resultatet af en meget langvarig proces, eller tvivlen, der har luret længe, og som vokser på grund af en eller anden personlig krise, læsningen af en bog eller oplevelsen af en prædiken.

Der findes mennesker, som faktisk får at vide – gennem kirkeledere eller menighedsbestyrelser – at de ikke længere kan forblive medlem i deres kirke, fordi de er 'faldet fra' sandheden. Dette sker oftere i sektlignende bevægelser eller meget konservative kirkesamfund, end i de større kirkesamfund. Disse sidste plejer at være mere rummelige og har plads til både en 'venstre' og en 'højre' fløj. Dette er måske især sandt for europæiske stats- eller folkekirker, der forsøger at tilbyde et åndeligt ståsted for alle borgere i det pågældende land. (I USA har de forskellige strømninger mere organiseret sig som selvstændige kirkesamfund).

Hidtil har det ikke været almindeligt at udelukke medlemmer af læremæssige årsager inden for Adventistkirken – i alt fald ikke i Vesten. Selv når 'kættere' blandt undervisere i teologi blev tvunget til at fratræde deres stillinger, mistede de ikke samtidig deres medlemskab i kirken. Om man er glad for dette eller beklager det, så kan man finde en stor variation af teologiske synspunkter inden for Adventistkirken. Som flere andre kirkesamfund, har Adventistkirken oplevet en gradvis udvikling af strømninger, men det kan være svært at definere disse helt præcist, selv om nogle har forsøgt at gøre det. David Newman, der tidligere har redigeret præsternes blad *Ministry*, hævder, at der er mindst fire forskellige strømninger inden for adventismen: Traditionel adventisme, evangelisk adventisme, progressiv adventisme og historisk adventisme.[1] For en del år siden googlede jeg og fandt frem til en hjemmeside, der påpegede ikke mindre end otte strømninger inden for adventisternes teologi, samtidig med, at man pegede på nogle af hovedrepræsentanterne for disse strømninger: liberale, progressive, moralister, evangeliske, moderate, konservative/ortodokse, ultra-konservative og ekstremt konservative.[2] Forfatteren foretrak at være anonym, men afslørede et grundigt kendskab til adventisterne. Jeg skal indrømme, at jeg følte mig godt tilpas ved at finde mit navn nævnt blandt 6-7 progressive teologer. Jeg ville nok selv have grupperet mine kolleger lidt anderledes, da jeg har svært ved at betragte de ekstremt ultra-konservative, som et plus for kirken. Budskabet i artiklen var dog tydeligt: *Nutidens adventisme har mange forskellige ansigter.*

Den kendsgerning, at der findes mange forskellige teologiske synspunkter, betyder imidlertid ikke, at der også overalt udvises stor tolerance, og at man frit og åbent kan diskutere alt. Mange personer, især blandt kirkens konservative fløj, vil gerne 'rydde op' i det, de finder er en beklagelig situation. De ville hellere tilhøre en doktrinær ren kirke end en kirke, hvor man kan tillade sig at have sine egne personlige synspunkter. Det seneste stærke fremstød for at stramme teksten op i de 28 fundamentale læresætninger, med ledelsens samtidige understregning af et krav om at vedkende sig disse, hvis man vil regnes for en ægte adventist, bekymrer mange menighedsmedlemmer, der helst vil have lidt mere personlig frihed. Det samme gælder forsøget på bedre at kunne udøve kontrol, når det gælder teologi- lærere på kirkens højere uddannelsesinstitutioner. Dette opfattes simpelthen som en trussel mod den akademiske frihed og som et forsøg på at ensrette bibellæsning og teologiske studier.

I forbindelse med dette og også tidligere er ideen om en rystelse dukket op og før det (foruroligende) hyppigt. Dette er tanken om, at der hele tiden foregår en 'finkæmning' af kirken – en proces, hvorved de, der aldrig rigtig har godtaget sandheden, fjernes fra kirken.

Denne proces, siger man, vil nå sit klimaks lige før endens tid. 'Rystelsen', som uundgåeligt resulterer i et stort frafald fra kirken, kan derfor, antydes det blandt dem, der taler om dette, i virkeligheden være noget positivt. Det betyder nemlig, at Kristi genkomst er nærmere end nogensinde![3]

ET FRIVILLIGT FRAFALD

Nogle troende har kæmpet med deres læremæssige tvivl i årevis. Langt om længe har de indset, at de ikke længere kan forblive i menigheden med deres samvittighed i behold. Nogen forlader deres trosfællesskab uden at slutte sig til et andet. De forsvinder, sommetider uden at efterlade et spor, mens andre fortsat bevarer forbindelsen til deres tidligere trosfæller. Nogle finder et nyt åndeligt hjem, der passer bedre til deres nuværende åndelige stade. De siger farvel til deres gamle kirke, måske med et lettelsens suk, men ofte med dybe smerter i hjertet.

Den romerskkatolske kirke mister på verdensplan millioner af medlemmer, der ikke længere er enige med nogle af de moralske forpligtelser, som kirken påtvinger dem. De protesterer imod den officielle holdning til prævention og fødselskontrol og er uenige, når kirken totalt nægter personer af samme køn at leve sammen, selv når det handler om et monogamt og vedvarende forhold. De betragter reglerne om, at præster skal leve i cølibat, og at kvinder ikke kan blive præster, som helt antikverede og i strid med Jesu Kristi evangelium.

I strenge calvinistiske kredse er der mange, der nærer alvorlig tvivl om, hvorvidt forudbestemmelses-læren har nogen evangelisk baggrund. De er måske vokset op med læren om dobbelt prædestination. Forsvaret for dette lyder: Gud har i sin uendelige visdom og i sit indiskutable overherredømme bestemt, endda før vi blev født, om vi til sidst vil få evigt liv eller blive evigt fordømt. Vi kan intet gøre ved det. Naturligvis forventes vi at leve et kristent liv og at udføre alle religiøse pligter, men det er op til Gud, om vi klarer det eller ej. Og hvis vi ikke klarer det, har vi ikke nogen gyldig grund til at klage. Intet menneske har ret til frelsen. Det er kun igennem Guds enerådende nåde, at nogen bliver udvalgt til at arve evigheden. Dette er naturligvis for mange en uudholdelig form for tro. Det betyder, at vi blot kan håbe på at være mellem de udvalgte, men vi kan aldrig helt føle os sikre. Man kan ikke forbavses over, at mange på et eller andet tidspunkt begynder at tvivle på en sådan lære. Sagde Gud ikke, at han elskede verden så meget, at han ønskede alles frelse. Nogle af disse tvivlere vil forlade deres kirke og sige farvel til enhver form for kristen tro, mens andre, heldigvis, finder sig et nyt åndeligt hjem, hvor de kan høre om frelsens vished.

Mormonkirken – eller Jesu Kristi Kirke af sidste dages Hellige – er i USA den fjerde største kirke. Denne 'amerikanske' religion har tiltrukket millioner af mænd og kvinder og er stadigvæk en inspiration for tusinder af unge, der vier et år af deres liv til 'mission' i en anden del af verden. Også dette kirkesamfund ser imidlertid adskillige, der forlader kirken – på grund af mange af de samme grunde, som vi tidligere har omtalt som generelle for kristne kirker. Dertil kommer en alvorlig køns-diskrimination, som synes at være et stort problem blandt mormoner, og som ifølge mange forskere får mormoner til at forlade deres kirke. Der er også andre årsager til frafald, men det offentliggør man ikke statistikker om. Blandt de læresætninger, som mange eks-mormoner nævner, når det gælder tvivl i forhold til sandheden af deres religion, er den vægt, der lægges på bøger som Mormons Bog, Pagtens bog og The Pearl of Great Price i tillæg til Bibelen. Der hersker også tvivl om den tradition at lade sig døbe på vegne af afdøde mennesker – og forskellige hemmelige ritualer.

Vi kunne nævne en lang liste af specielle doktrinære holdninger, der skaber uro i andre kirkesamfund, men vi vil på de følgende sider sætte fokus på Syvende dags Adventistkirken. Jeg vil nævne nogle af de problemer, som oftest dukker op, når adventister taler om deres tvivl, når det gælder visse af kirkens læresætninger. Jeg behandler dem ikke i nogen speciel rækkefølge, da jeg ikke kender til nogen forskning, der rangerer disse i betydning.

INSPIRATION

Jeg har allerede sagt noget, men vil tilføje lidt mere, når det gælder adventisternes syn på inspiration. Det er et væsentligt problem, for vort syn på inspiration og Bibelens historie er afgørende for, om vi går ind for en bogstavelig opfattelse af Bibelen, eller om vi lader de menneskelige redskaber, som Gud udvalgte, spille en større rolle.

Der er god grund til at forvente, at emner som inspiration og hermeneutik (bibelfortolkning) vil blive viet større opmærksomhed fra kirkens ledelse i den nærmeste fremtid. The Biblical Research Institute (BRI), der er en del af kirkens hovedkvarter, vil i de kommende år komme til at bruge megen energi og mandetimer på at beskæftige sig med disse emner. Nogle af de seneste publikationer fra BRI antyder langt hen ad vejen, at man anbefaler en bogstavelig læsning af Bibelen.[4]

Det er bemærkelsesværdigt at bemærke, at artikel 1 i *Det tror Vi* for nylig er blevet strammet noget op. Dette afsnit siger, at Skriften er 'en ufejlbarlig åbenbaring af Guds vilje'. Men den understreger også, at disse skrifter er 'den autoritative åbenbaring af doktriner og en troværdig beskrivelse af Guds gerninger i historien'. Meget afhænger af, hvordan udtryk som 'ufejlbarlig', 'autoritativ' og 'troværdig' defineres. I den seneste udgave af bogen læser vi, at Bibelen ikke bare er 'autoritativ' og 'ufejlbarlig', men også er 'endelig', og at den er den 'definitive' rettesnor for doktriner. Den nye formulering i artikel 10 af samme bog bekræfter også, at man går ind for et meget snævert syn på inspiration.

Det mest autoritative dokument om adventisternes syn på Bibelen og dens tolkning, udover Fundamental Beliefs, er det såkaldte *Rio Dokument*. Dette er resultatet af en række studier i 1980'erne, der kulminerede med en formel erklæring, som Generalkonferensens bestyrelse godkendte ved 'efterårsrådslagningen' i 1996.[5] Dette dokument benægter den, blandt forskere, almindeligt anerkendte opfattelse, at de bibelske skrifter er blevet til gennem en lang proces, hvor man har indsamlet stof og redigeret det, før de fik den form, som er grundlaget for vore moderne bibeloversættelser. Flertallet blandt bibelforskere har f.eks. konkluderet, at de fem Mosesbøger består af flere dokumenter, som stammer fra forskellige kredse og er blevet skrevet på forskellige tidspunkter, før de blev samlet i den såkaldte

Pentateuch (de fem bogruller). Eller for at nævne et andet eksempel på dette synspunkt, der normalt kaldes for den historisk-kritiske metode, så tror de fleste eksperter på det gammeltestamentlige område, at Esajas bog har haft eller tre forskellige forfattere. Rio-dokumentet vil ikke høre noget sådant. (Mærkværdigvis tøver adventisternes bibelforskere mindre, når der tales om flere forskellige kilder til de fire evangelier).[6] Adventist forskerne står dog meget splittet, når det gælder dette. De, der tilhører *The Adventist Theological Society*[7] bakker op om Rio-dokumentets holdning. Man kan faktisk ikke blive medlem af denne indflydelsesrige sammenslutning, hvis ikke man skriver under på, at man er enig i denne specielle opfattelse af Bibelens inspiration og historie.

Det er klart at ens opfattelse af Bibelen også for en stor del bestemmer, hvordan man nærmer sig de forskellige læresætninger og etiske problemstillinger, som f.eks. Skabelsen og kvinders ordination. På samme måde påvirker det ens holdning til Ellen Whites tjeneste og hendes skrifter.

Når menighedsmedlemmer begynder at nære tvivl om den opfattelse af inspiration, som kirkens ledelse lægger for dagen, og også til organisationer, der følger samme retningslinjer, så er det ofte begyndelsen på tvivl i forhold til andre læremæssige områder. Mange af disse tvivlere vil i svigtende grad have tillid til samfundets publikationer og andre medieproduktioner, som går ind for denne bogstavelige læsning af Bibelen. Mange vil søge åndelig næring fra andre kilder, og det kan så igen være medvirkende til, at der stilles spørgsmålstegn ved visse traditionelle adventist dogmer.

TREENIGHEDEN

Forskellige opfattelser af læren om treenigheden er ikke et nyt fænomen inden for Adventistkirken. Faktisk har mange adventister (også nogle af vore første ledere) været anti-trinitarer, hvilket betyder, at de ikke tror på læren om treenigheden. Uriah Smith, den velkendte pioner og forfatter til bøgerne om Daniel og Åbenbaringen, sagde f.eks. om teksten i Åbenbaringsbogen, der kalder Kristus for 'Alfa og Omega' (1,9), at selv om Kristus allerede eksisterede længe før verdens skabelse, så var han ikke evig som Faderen. Kristus havde en begyndelse et eller andet sted i den fjerne fortid. Sammen med andre adventistpionerer, som f.eks. James White, der også havde tilhørt Christian Connection[8], mente Smith at Sønnen er underkastet Gud Fader, og at tanken om en treenighed bestående af tre evige og ligeværdige væsener ikke er bibelsk. Ellen White brugte aldrig anti-trinitariske udtryk, men det var ikke før senere i livet, at hun klart gav udtryk for, at hun gik ind for Treenigheden – Fader, Søn og Helligånd som evigt eksisterende og helt ligeværdige væsener. På den anden side skal det nævnes, at hun aldrig brugte udtrykket Treenighed!

Det var ikke før engang i det tyvende århundrede, at Adventistkirken officielt bekendte sig til at tilhøre gruppen af Treenigheds-tilhængere, og der var fortsat røster, der talte imod dette. På det seneste synes antallet på dem, der tvivler på eller fornægter Treenigheds teologien at være stigende.[9] Selv om der også på kirkens venstrefløj er mange, der har problemer med denne kristne lære, så kommer de stærkeste modstandere dog fra højrefløjen i det teologiske spektrum. Der findes konservative adventister, der mener, at Treenighedslæren i virkeligheden er romerskkatolsk, og derfor en falsk lære, og at adventismen bør være forsigtig med at nærme sig katolikkerne. De skulle i stedet vende tilbage til den historiske (anti-trinitariske) opfattelse hos pionererne.

Selv om læren om Treenigheden er en hjørnesten i kristen teologi, så er man i adventistkredse (mærkværdigvis) mindre optaget af tvivl på dette område, end af f.eks. troen på en bogstavelig seks dages skabelsesuge eller synet på den himmelske helligdom. Min bevilling som præst ville være i større fare, hvis jeg tændte en cigaret offentligt, end hvis jeg udtrykte tvivl m.h.t. Treenigheden i en prædiken. Usikkerheden på dette område vejer ikke så tungt hos de fleste adventistledere som usikkerhed omkring nogle få andre trospunkter, som vi kort vil nævne.

KRISTI MENNESKELIGE NATUR

Var Kristus på én gang guddommelig og menneskelig? Hvordan kunne det i så fald gå til? Hvordan skal vi opfatte Kristi menneskelige natur? Var han helt som os, eller ikke helt? Oldkirken brugte århundreder på at diskutere dette, før man ved kirkemøderne i Nikæa (325 AD) og Kalkedon (451 AD) og andre steder nåede frem til en detaljeret beskrivelse af Kristi to naturer, som hovedparten af kristne troende kunne gå ind for. Lige siden har den kristne kirke officielt bekendt, at Kristus både var 'sand Gud' og 'sandt menneske'.

Ved Adventistkirkens begyndelse bekymrede de fleste sig ikke meget om Kristi natur. De fokuserede mest på hans aktuelle status og rolle. De troede, at han befandt sig i Himlen, som vor ypperstepræst, og at han siden 1844 var involveret i en himmelsk aktivitet, som med udgangspunkt i Gamle Testamentes helligdomstjeneste kaldtes 'forsoningsdagen'. Som tiden gik, begyndte spørgsmålet om Kristi to naturer dog at optage sindene mere. Ikke mindst udgivelsen af bogen *Seventh-day Adventists Answer Questions on Doctrine*[10] skabte røre, fordi bogen definerede Kristi menneskelige natur på en made, som var og stadig er anstødelig for mange.

Der er tre opfattelser af Kristi menneskelige natur, som konkurrerer med hinanden:
1. Kristus var i alle forhold lig os. Han ejede de samme menneskelige svagheder og oplevede den samme tilbøjelighed til synd, som alle mennesker.
2. Kristus var helt menneske i den betydning, at han påtog sig den natur, som Adam havde før syndefaldet.
3. Kristus arvede vor menneskelige natur, men uden dens nedarvede hang til synd, som vi må kæmpe med. Denne 'fordel' blev dog mere end opvejet ved den kendsgerning, at Kristus blev mere alvorligt fristet, end vi nogensinde vil blive.

Hvilken af disse opfattelser kan bedst begrundes bibelsk? Her er meningerne stærkt delte. Det hjælper ikke meget at søge hos Ellen White for at finde et klart svar, for hendes mange udtalelser om Kristi natur peger i forskellige retninger, og hvis man vil, kan man finde støtte hos hende for alle tre synspunkter.[11]

En del menighedsmedlemmer vil bare trække på skuldrene og sige: 'Hvad så? Betyder det så meget? Vi kan nok aldrig forvente at forstå, hvordan én person kan være både guddommelig og menneskelig på samme tid. Lad os derfor ikke bryde vore hjerner med dette mysterium'. Spørgsmålet har dog større betydning, end man tænker. Der er en hel del udløbere af problematikken, som får mange troende til at være utilfredse med deres kirke. Lad mig forklare.

Først af alt vil vi se på artikel fire i *Sådan tror vi*.

"Gud, den evige Søn, blev mennesker lig i Jesus Kristus. Ved Sønnen blev alle ting skabt, Guds karakter åbenbaret, menneskenes frelse virkeliggjort, og ved ham skal verden dømmes. Som sand Gud fra evighed blev Sønnen også sandt menneske, mennesket Jesus Kristus. Guds Søn blev undfanget ved Helligånden og født af jomfru Maria. Jesus levede og blev som menneske fristet, men han var til fuldkommenhed et eksempel på Guds retfærdighed og kærlighed. Ved sine undergerninger åbenbarede han Guds kraft og var i sig selv et vidne om, at han var Guds lovede Messias. Han led og døde frivilligt på korset for vores synder og i vort sted, blev oprejst fra de døde og opfór til Himmelen for at tjene i den himmelske helligdom til bedste for os. Han vil komme igen i herlighed for endeligt at udfri sit folk og genoprette alle ting."

Her understreges nogle vigtige elementer: 1. Kristi guddommelighed, 2. Jomfrufødselen, 3. Kristi menneskelighed, 4. den kendsgerning, at han var en perfekt rollemodel for os. Vi får at vide, at Kristus var menneskelig, men formuleringen undlader at give en nøjagtig forklaring på, hvad udtrykket indebærer. Personligt kan jeg sagtens leve med det, for hvordan kan vi forklare noget, der er helt enestående? Vi har ikke noget at sammenligne det med. Det er imidlertid ikke alle, der er parate til at bare anerkende og leve med dette mærkelige paradoks, at én person kan være både Gud og menneske på samme tid.

Hvad handler det mere om? Det forklares, at hvis Kristus havde samme natur, som Adam havde før syndefaldet, så er han ikke længere et fuldkomment eksempel. Hvis det var tilfældet, havde han en afgjort fordel frem for os, og derfor kan vi ikke dadles, hvis vi ikke kan leve op til den standard, som han har sat for os. På den anden side, hvis Kristus påtog sig den natur, som Adam havde efter sit fald og alligevel var syndfri, så er det i princippet muligt for os at leve uden at synde. Altså er fuldkom-menhed en mulighed – ikke bare i den kommende verden, men også her på jorden. Vi skal bare overgive os helt til Kristus og være helt indstillet på at overvinde alle forkerte handlinger ved at leve i daglig harmoni med Guds vilje.

Der er ikke mange, hvis overhovedet nogen, i Adventistkirken, der benægter, at Gud ønsker, vi skal vokse åndeligt og gøre Jesus Kristus til vort store ideal. Hovedparten, (håber jeg da), vil også indrømme, at de stadig synder og langt fra er fuldkomne. De vil aldrig blive helt syndfrie, før de bliver genskabt som fuldkomne væsener i en ny verden. De indser, at Bibelen klart understreger: Ingen er syndfrie. Enhver, der hævder at være det, er en løgner (1 Joh 1,8).

Uden at vikle os ind i en masse teologiske spidsfindigheder, tror jeg, det er rigtigt at sige, at tanken om, at fuldkommenhed er menneskeligt muligt, har ført mange ud på legalismens farefulde vej. Dette har altid været en fælde for konservative kristne, og især for syvende dags adventister. Frelsen opnås kun ved tro på Jesus Kristus og ikke gennem noget, vi selv kan gøre. Men for dem, der understreger Guds lovs evige gyldighed, er det en stor fristelse at forsøge at score point hos Gud gennem en punktlig overholdelse af loven. Antydningen af, at vi kan leve fuldkomment, fordi Kristus var fuldkommen, kan let føre til en meget legalistisk holdning til religion, og glæden over evangeliet bliver skubbet i baggrunden. Personer i 'kirkens grænseland' kan derfor let nære den opfattelse, at de, der stræber efter fuldkommenhed, ikke er de mest behagelige menighedsmedlemmer at omgås. Når disse 'perfektionister' får lov til at sætte kursen for en lokal menighed, føler mange i menighedens 'grænseland' sig i klemme. De kan ikke ånde frit, og nogle vil give op og forlade menigheden.

Tanken om at fuldkommenhed som en mulighed er nært knyttet til det, vi kan kalde 'den sidste generations teologi' (LGT). Tilhængere af denne kombinerer en række elementer fra adventist traditionen: Ideen om Den store Strid, Temaet Guds sidste menighed, Muligheden for fuldkommenhed og Kristi gerning i den himmelske helligdom.

Lad mig forsøge at sammenfatte denne LGT: Før Kristi genkomst vil de sande troende, der holder alle Guds bud og har Jesu vidnesbyrd (kendetegnet som profetiens ånd = Ellen White), udgøre en forholdsvis lille rest. De har nået at sejre over alle synder og er på en måde fuldkomne. Dette er væsentligt, for prøvetiden slutter, når Kristus har afsluttet sin gerning som mellemmand i den himmelske helligdom. I den allersidste tid – før Kristus kommer – må de, der tilhører resten, være fuldkomne, for de kommer nu til at gennemleve en periode uden mellemmand.

Dette er nok en noget forenklet version af 'den sidste generations teologi', men den udtrykker det væsentlige. Hovedmand bag denne teologi var M.L. Andreasen (1876-1962). MLA var en prominent adventistteolog, der dog senere faldt i unåde hos kirkens ledelse og endda mistede sin bevilling i en periode, kort tid før han døde. Der har været tidsperioder forhen, hvor denne 'teologi' var meget fremherskende, f.eks. under Robert Piersons tid som formand for Adventistkirken (1966-1979). Den har oplevet et stærkt come-back i nyere tid og finder stærk opbakning hos bl.a. kirkens nuværende verdensleder' Ted Wilson.

For mange troende i 'grænselandet' føles alt dette bekymrende og synes at være langt fra en glad evangelisk forkyndelse, der lover frihed og frelse i Jesus Kristus. De kender måske ikke alle detaljer i forsvaret for denne opfattelse af Kristi natur, betydningen af fuldkommenhed og den omtalte teologi, men de kan se, hvordan det fører mange af dens tilhængere til at have en intolerant holdning over for anderledes tænkende. De forstår måske ikke tankegangen bag og har heller ikke læst alle de E.G. White citater, der benyttes. Det er måske heller ikke rigtigt at bruge udtrykket tvivlere, som den bedste beskrivelse af, hvordan de har det med denne form for adventisme, men de føler intuitivt, at det ikke lige er deres kop te. En sådan teologi er ikke det, der fremmer en oplevelse af lykke eller styrker troen på en kærlig Gud. Hvis man er udsat for for meget af dette, får man lyst til at gøre sig fri.

HELLIGDOMMEN

Det hævdes ofte, at læren om helligdommen er det eneste trospunkt, som Adventistkirken er alene om. Hvis vi derfor skulle miste denne del af adventismens historiske arv, hævdes det, ville det fjerne selve årsagen til, at Adventistkirken eksisterer som et selvstændigt trossamfund. Der findes andre grupper, som holder sabbat på ugens syvende dag, ligesom mange kristne forkynder Kristi snare genkomst, men der findes ingen paraleller til adventisternes helligdomslære. Ikke alene er dette trospunkt enestående, det er også det mest kontroversielle. Det er blevet kritiseret og angrebet af mange udenfor adventisternes rækker, men også af mange menighedsmedlemmer. Man kan finde, at der altid har været tvivlere i forhold til helligdomslæren. Man er imod den måde, som vi traditionelt har udtrykt dette trospunkt på.

På Gamle Testamentes tid indførte Gud et *tableau vivant* (dramatisk forbillede) for at gøre det klart for Israel, at bruddet mellem ham og mennesker kun kunne heles gennem en nådig, guddommelig indgriben. Denne indgriben kostede meget, for den kostede et dyrebart offer. Et omfattende offersystem blev indført for at gøre det klart, at det krævede det største offer at genetablere forholdet mellem mennesker og Gud. Kristus skulle være dette offer. Han blev også symboliseret gennem præsterne, især ypperstepræsten, der var et billede på Kristi rolle som ypperstepræst, som det beskrives i Hebræerbrevet. Alt, hvad der således skete i Gamle Testamentes helligdomstjeneste, dagligt og årligt – og alle, der tjente i helligdommen, var et kollektivt symbol på Jesus Kristus og hans frelsende gerning.

Med udgangspunkt i flere profetiske udtalelser i Bibelen, udviklede William Miller en teori om, at Kristi genkomst var nært forestående og kunne forventes 'omkring 1843'. Senere blev han mere specifik og endte med, sammen med andre milleritiske forkyndere, at fastsætte Kristi andet komme til den 22. oktober 1844. Denne skæbnesvangre dag, blev imidlertid til 'den store skuffelse' for de ventende, for den gik uden at Kristus viste sig.

I dagene og ugerne efter denne skuffende oplevelse, spekulerede de desillusionerede adventist- troende på, hvad der var gået galt. Havde de regnet forkert? Eller var udregningen rigtig, men begivenheden en helt anden? Nogle af disse troende konkluderede snart – at Kristus havde påbegyndt sin tjeneste som himmelsk ypperstepræst på denne dato – 22. oktober 1844. Det var hans specielle gerning, der havde været skildret gennem det omfattende ritual på den store forsoningsdag i Israels helligdomstjeneste. Det blev yderligere fremhævet, at Forsoningsdagen på en måde var en slags dommedag. De synder, som folket havde bekendt gennem året, og for hvilke de havde bragt deres ofre, blev udslettet på 'Yom Kippur' – forsoningsdagen. Denne årlige tjeneste pegede frem mod Kristi gerning i himlen – den såkaldt undersøgende dom, hvor det skulle klargøres, hvem der vil blive frelst, og hvem der vil gå fortabt.

Hvor findes problemet for mange af dem, der befinder sig i kirkens grænseland. Før i tiden handlede det mest om to områder. Først var det et spørgsmål, om Kristi gerning var fuldendt på korset, eller om forsoningen var ufuldkommen, indtil Kristus havde udført sin yppersteprætestelige gerning i den himmelske helligdom. Mange syntes, det var vigtigt at understrege, at Kristi offer på korset fuldendte forsoningen, og at man ikke kunne tale om en første og en anden fase, som den traditionelle adventistiske helligdomslære synes at gøre.

Dernæst handlede det om Azazels rolle. Hvis du ikke helt husker ham, så læs kapitlet om den store forsoningsdag igen – det findes i 3 Mos 16. Ved dagens afslutning blev en gedebuk sendt ud i ørkenen, efter at alle folkets synder symbolsk var blevet overført til den. Ifølge adventisternes traditionelle forklaring, så har hver enkelt detalje i disse ritualer deres modpart i den 'virkelige forsoningsdag', hvor det er Kristus, der fungerer som ypperstepræst. Gedebukken, der kaldes Azazel, opfattes som et symbol på Satan. Der var voldsomme protester mod denne tolkning, fordi den synes at antyde, at adventister faktisk tror, at Satan spiller en rolle i vores genløsning fra synd.

Senest synes indvendingerne fra mange 'helligdoms-tvivlere' at være mere generelle og fokuserer på andre aspekter. Det synes svært at acceptere tanken om, at der er en eller anden bogstavelig og materiel ejendom i himlen, med rigtigt inventar og udsmykning, og med to adskilte afdelinger, som mange af deres trosfæller hævder. De finder det afskrækkende at tro, at Jesus i oktober 1844 gik fra den ene afdeling til den anden, hvor han har opholdt sig lige siden, mens han nøje sørger for, at der ikke bliver foretaget nogen fejltagelser i den himmelske beregning af menneskelig synd. Skal vi virkelig tro på en sådan bogstavelig opfyldelse af symboler i Gamle Testamente, spørger de? En mere fundamental indvending er den kendsgerning at den traditionelle adventistlære om helligdommen ikke begynder med Ny Testamentes beskrivelse af en himmelsk helligdomstjeneste, som findes i Hebræerbrevet, men med Gamle Testamentes beretning om forsoningsdagen. I stedet for at tolke Gamle Testamentes ritual i lyset af Ny Testamentes kommentar, så tvinger man denne senere (inspirerede) fortolkning ind i billedet fra Gamle Testamente.

1844

For mange er årstallet 1844 en hellig del af adventisternes lære. Ældre adventister kan huske et diagram dækkende 2300 aftener og morgener, hvor man havde årstallet 457 f. kr. i den ene ende og 1844 i den anden – og et eller andet sted midt imellem havde man korssymbolet. I dag er selv de fleste adventister, der ser noget betydningsfuldt i tallet 1844, ikke i stand til at forklare, hvordan man når frem til datoen i oktober. Det kræver i virkeligheden nogle indviklede udregninger. Tvivlerne vil nok sige, at det også kræver en del forudsætninger, som de synes er temmelig svage.

Traditionelt siger vi, at vi finder en tidsprofeti i Daniels bog, som bringer os til år 1844, hvor der sker noget betydningsfuldt i himlen. For at drage denne slutning, må man være villig til at tage visse skridt. Først og fremmest må man anerkende, at Daniels bog blev skrevet af en profet, der opholdt sig og levede ved det babyloniske hof og senere ved det persiske hof i det 6. århundrede f. Kr. Denne profet fremsatte en række profetiske budskaber, som har med tiden at gøre fra han levede og indtil endens tid. I dag tror de fleste eksperter, at denne del af Bibelen blev skrevet i det andet århundrede f. Kr. af en ukendt forfatter, der benyttede profeten Daniels navn for at give hans dokument større autoritet. I dag ville man betragte sådan en handling for falskneri, men på den tid var det almindelig praksis. I adventisternes standardfortolkning bogen, er den onde magt, der spiller en hovedrolle (det lille horn) tolket som den romerskkatolske kirke. De fleste forskere mener, at det lille horn er et symbol for en græsk konge,

Antiokus IV Epifanes, der var hård ved jøderne og vanhelligede Jerusalems tempel i 168 f. Kr.

For at nå den traditionelle adventistopfattelse af tidsprofetien på de 2300 dage, må man gå imod flertallet af forskere og holde sig til den tidlige baggrund for Daniels bog og fornægte den alternative teori, som mange finder mere overbevisende. Det bør imidlertid også nævnes, at der er mange gode grunde til at vælge en tidlig tilblivelse for bogen, men det skader ikke at vide, at meningerne om Daniels bog er stærkt delte.

Det næste skridt, for at nå frem til 1844, må være at acceptere, at Daniel 8, hvori tidsperioden på 2300 dage er omtalt, har forbindelse til Daniel 9, hvor man finder udgangspunktet for denne tids-profeti. Daniel forstod ikke synet i kapitel 8 om de 2300 dage og blev ved med at spekulere på dets mulige betydning. I Daniel 9, siger man, fandt han nøglen. Her gælder det en ny tidsperiode, hvor 70 uger er afstukket. Det forklares, at perioden på 70 uger i virkeligheden er den første del af de 2300 dage. Hvis vi altså kender udgangspunktet for de 70 uger, så ved vi også, hvornår de 2300 dage begynder. Problemet for mange bibelfortolkere er imidlertid, at der gået mindst 12 år mellem Daniels første syn og hans andet, hvilket gør det sværere at indse sammenhængen, som adventisterne traditionelt har hævdet.

Dertil kommer det næste problem. I adventisternes lære om de 70 uger – og derfor også for de 2300 dage – findes udgangspunktet i Dan 9,25. Vi læser i denne tekst om en befaling, som gav de jøder, der havde været i eksil i Babylon, tilladelse til at vende tilbage til Palæstina og til at genopbygge Jerusalem. Den traditionelle tolkning hævder, at denne befaling blev udstedt af den persiske konge, Artaxerxes i 457 f.Kr. Der blev imidlertid udstedt mere end én befaling, og det er ikke alle, der er enige i, at denne specielle befaling fra Artaxerxes er den, som Dan 9,25 henviser til, og at vi derfor med sikkerhed kan pege på 457 f.Kr. som begyndelsen på de halvfjerds uger og de 2300 dage.

Dette udtømmer ikke engang det antal skridt, vi må tage for at nå frem til 1844. Man må også gå ind for, at når det gælder bibelske tidsprofetier, kan vi tolke en profetisk dag som et bogstaveligt år. Hvis dette er sandt, og hvis udgangspunktet 457 f.Kr. er korrekt, og hvis tidsperioderne i Daniel 8 og 9 er sideløbende – og hvis de 2300 dage rent faktisk er 2300 bogstavelige år, så bringer det os til 1844. Men er der virkelig basis for det såkaldte 'år/dag princip'?

'År/dag princippet' er ikke en adventistopfindelse, for det har været benyttet af mange bibeltolkere tidligere. Dette var imidlertid på et tidspunkt, hvor de fleste, der fortolkede de bibelske profetier, så disse som en beskrivelse af verdenshistorien indtil Kristi genkomst. (Dette gjaldt ikke mindst profetierne i Daniels bog og Åbenbaringens bog). I dag foretrækker de fleste bibelkyndige andre måder at tolke disse profetiske dele af Bibelen på. Kun få går stadig ind for at bruge år/dag princippet. De peger på, at de to tekster, der sædvanligvis bliver brugt til at forklare dette princip (4 Mos 14,34 og Ez 4,5-6) ikke er særligt udslagsgivende – i alt fald ikke, hvis de bliver læst i deres sammenhæng.

Et andet spørgsmål angående datoen den 22. oktober 1844, som stadig er en gåde for de fleste adventister (ikke bare tvivlerne) er, at man benytter en speciel jødisk kalender til at bestemme, hvilken dato der er den tiende dag i den jødiske måned Tishri (på hvilken den jødiske forsoningsdag skulle fejres). Adventistpionererne, der fandt frem til læren om helligdommen, valgte den kalender, som blev brugt af den jødiske Karaite bevægelse. De fleste menighedsmedlemmer, der forsøger at forstå baggrunden for helligdomslæren, ser det stadig som et mysterium, hvorfor de foretrak netop denne kalender.

Der findes også andre problemer. I *King James* udgaven af Dan 8,14 står der: '2300 dage, så skal helligdommen renses'. Andre versioner siger 'komme til sin ret' eller 'få sin ret tilbage'. Hele denne lære står og falder med, hvordan helligdommen identificeres og med tolkningen af 'renses' eller 'komme til sin ret'. Den traditionelle adventisme, der placerer Daniel i det sjette århundrede før Kristus, siger klart, at den helligdom, der skal 'renses' må henvise til den himmelske helligdom, da templet i Jerusalem ikke længere eksisterede ved afslutningen af de 2300 år.

Mange adventister 'i kirkens grænseland' undres over, at noget så kompliceret som den traditionelle adventistopfattelse af helligdomslæren kan være så alt afgørende for vores tro. De tror, at Kristus er deres mellemmand, og at de på grund af ham kan føle sig sikre. Tanken om en bogstavelig helligdom i himlen, hvor Kristus i 1844 påbegyndte en endelig fase i sin frelses gerning, lyder ikke ret overbevisende for dem. Og hvor relevant kan det være at fortælle andre om noget, der antages at have fundet sted i 1844? Er det ikke meget mere vigtigt at bekymre sig om evangeliets betydning for mennesker i det 21. århundrede?

Det bør nok nævnes, at det er ikke bare medlemmer i 'kirkens grænseland', der nærer tvivl om helligdomsspørgsmålet.[12] Både løse historier og kendsgerninger antyder, at mange menighedsmedlemmer har problemer omkring helligdomslæren, - især fortolkningen af Dan 8,14 og de udregninger, der er baseret på denne tekst.[13] Og det er også mere end bare rygter, der antyder, at en stor procentdel af Adventistkirkens pastorer ikke længere går ind for de traditionelle synspunkter.[14]

PROFETIER OM ENDENS TID

Et andet område, som skaber uro og tvivl hos flere adventister, er den traditionelle anvendelse af profetierne i Daniel og Åbenbaringen. Skønt detaljerne i den traditionelle udlægning af disse profetiske bøger ikke er en del af Fundamental Beliefs, så foruroliger det alligevel mange, der mener, at adventismen mister sin identitet, hvis vi ikke længere forkynder og tror på 'Sandheden', som den kom til udtryk i klassiske skrifter fra pionerernes hånd, eller i det mindste præsenteret i en opdateret version fra vore officielle forlagshuse eller private udgivere fra kirkens højrefløj. Jeg blev selv udsat for mishag fra Generalkonferensens Biblical Research Institute – og også en del kirkeledere – da jeg skrev min Ph.d.-afhandling om adventistholdninger til den romerskkatolske kirke og gjorde mig til talsmand for en kritisk revision af nogle af vore traditionelle synspunkter.[15]

Adventisternes udlægning af Daniel og Åbenbaringen peger på, at disse skrifter handler om 'den store strid' mellem godt og ondt ned igennem tiden. Symbolerne bliver brugt til at pege på historiske begivenheder, på politiske og åndelige kræfter, og sommetider også til klart at pege på specifikke personer i fortid, nutid og fremtid. Frafaldet i den kristne kirke hævdes at have kulmineret i pavekirken, som forfulgte Guds folk i fortiden og vil komme til at gøre det igen med endnu større kraft i fremtiden. Dette vil ske godt hjulpet på vej af en 'falden protestantisme' sammen med forskellige okkulte kræfter. Alt bevæger sig uvægerligt hen imod et grumt klimaks, lige før Kristus kommer igen. En lille rest, der er forblevet loyale, vil møde ubarmhjertig modstand fra alle Guds fjender, der sammen udgør det åndelige Babylon.

Resten er – ifølge denne opfattelse – Syvende dags Adventistkirken, eller den skare af adventist- troende, der er forblevet loyal over for sandheden i 'de tre engles budskaber'. I den sidste konflikt vil sabbatten komme til at spille en endda større rolle. Søndagsholdere vil bære 'dyrets mærke', mens sabbatsholdere vil få 'Guds segl'! Der vil blive indført verdensomspændende søndagslove i en kampagne rettet mod Guds rest. Den romerskkatolske kirke vil føre an med opbakning fra protestantismen og i ledtog med Amerikas forenede Stater.

Det skal indrømmes, at det er ikke alle adventister, der kalder ikke-adventister for 'Babylon' – og de fordømmer heller ikke medkristne, der forsøger at tjene deres Gud efter bedste overbevisning. Det er imidlertid klart, at den overordnede opfattelse af det profetiske scenario blandt adventister virker ikke opmuntrende på nogen form for fællesskab med andre kristne samfund eller mellemkirkeligt samarbejde. Alle positive signaler fra økumeniske organisationer til Adventistkirken synes at blive mødt med dyb skepsis, fordi vi tror, vi ved, hvor det i sidste ende vil bære hen.

Det er en underdrivelse at sige, at mange i 'kirkens grænseland' ikke længere føler sig trygge ved dette generelle billede. De er usikre med hensyn til, hvor mange af de historiske tolkninger, der er blevet fremsat, som har nogen værdi. De ved, at man hen ad vejen har måttet modificere visse udlæg-ninger, fordi begivenhederne ikke skete som forventet. De undres på, om katolikkerne er rigtige fjender, og om andre kristne fortjener vores mistillid. Og de spørger, er pave Franzs katolske kirke den samme, som den middelalderlige institution, der stod bag inkvisitionen? Har ikke alle kristne i nutiden nogle fælles udfordringer? Er sekularismen i vor tid ikke en langt større fare end andre former for kristendom, der er forskellig fra adventismen? Er Islams vækst – selv her i Vesten, ikke en større hovedpine end en økumenisk bevægelse, der har nogle aspekter, som vi ikke bryder os om?

Selv om man er enig i, at adventismen med rette kan hævde, at den har et specielt budskab at forkynde, som de fleste andre overser, berettiger det så til at mene, at 'resten' kun består af advent-troende. For medlemmer i 'kirkens grænseland' skaber de traditionelle adventistsynspunkter angående profetierne mere og mere tvivl. De overvejer med sig selv, om de ønsker at tilhøre et miljø, hvor man mener, at man selv har ret, - og at alle andre har uret. Burde jeg ikke hellere fokusere på, at Kristus er min ven, end på at andre kristne er mine modstandere?

ELLEN G. WHITE

Ikke ret mange adventister, hvis nogen, vil benægte at Ellen G. White har spillet en betydningsfuld rolle inden for Syvende dags Adventistkirken. Hun bliver ofte, og med rette, udpeget som en af Adventistkirkens pionerer. De fleste adventister vil også indrømme, at hun var et ekstraordinært menneske, der til trods for en begrænset skolegang fik stor indflydelse på tankegangen hos de første adventister. Hendes indflydelse rakte også til kirkens filosofi på områder som uddannelse, sundhed og evangelisme. Meningerne begynder at brydes, når hendes evner og formåen bliver beskrevet som et resultat af en profetisk gave, og når hun bliver givet profet-status.

Meget afhænger naturligvis af, hvordan man definerer udtrykket 'profet'. Var hun et menneske, der blev brugt af Gud i Adventistkirkens tidlige fase, som f.eks. Martin Luther i forbindelse med reformationen i det 16. århundrede, eller John Wesley i metodismens tilblivelse? Eller var hun en profet, der var inspireret, i den forstand, at alt, hvad hun skrev og gjorde, kan anvendes på os, der lever under helt andre omstændigheder? Skal vi også gå ind for en bogstavelig læsning og anvendelse af hendes skrifter? Og er det, hun skrev, det endelige ord, når det gælder udlægning af Bibelen og dermed det definitive kriterium for at afgøre den sande lære?

Adventisternes officielle holdning gør det klart, at Ellen Whites skrifter ikke har samme autoritet som Bibelen, men mange adventister i 'kirkens grænseland' er foruroliget over den ubestridelige kendsgerning, at man ofte glemmer at læse Ellen White med bibelske briller på, men jævnligt gør det modsatte. Mange synes at bruge Ellen White som en ufejlbarlig vejledning til at forstå Bibelen. Desuden bliver hendes udsagn ofte anvendt på situationer i nutiden, uden at der tages hensyn til den helt anderledes kontekst, som hun levede og virkede i. Mange bliver bekymrede, hvis de hører en prædiken, der indeholder flere Ellen White citater end henvisninger til Bibelen, og når et 'så siger Ellen White' bliver brugt til endegyldigt at afgøre alt.

Det skal indrømmes, at blandt Ellen Whites kritikere findes også nogle, der aldrig har læst en eneste af hendes bøger, og som kender meget lidt til den betydningsfulde rolle hun spillede i vores tidligste historie. Det vil dog være for letkøbt at sige, at enhver tvivl omkring hendes autoritet ville forsvinde, hvis man gav sig til at læse noget mere af det, hun har skrevet. Mange har (med større eller mindre held) forsøgt at læse sådanne bøger som *Patriarker og Profeter, Den store Mester og Den store Strid*. De har fundet masser af opløftende og inspirerende tanker, men de er alligevel ikke helt overbevist om, at alt, hvad hun skrev, er historisk helt korrekt. Man kan måske også tolke og forstå de bibelske og historiske begivenheder under andre synsvinkler. Dertil kommer, at Ellen White ikke altid selv anså sig for at være, hvad andre mener. Til deres skuffelse, finder de, at hun ofte 'lånte' ganske meget fra andre. Ellen White var en almindelig, langt fra fuldkommen, person, der indimellem kunne skifte mening og endda engang imellem tilpassede sine holdninger, som tiden gik.

Mange adventister, 'i kirkens grænseland' protesterer imod den måde, hvorpå Ellen White bliver sat på en piedestal og gjort til endelig dommer på mange områder. De bryder sig ikke om, når deres lokale menighed behandler Ellen White som en helgen og benytter hendes udtalelser til at kritisere andre for deres teologi og livsstil. De er også modstandere af, at kirkens topledere benytter hendes ord – ofte ude af deres kontekst – til at løse problemer og svare på spørgsmål. I virkeligheden føler mange af dem, at den måde, hvorpå man bruger Ellen White og 'Profetiens Ånd', risikerer at gøre Adventistkirken til en religiøs sekt. (Det er med vilje, at jeg benytter udtrykket 'bruger').

LIVSSTIL

I tillæg til de læresætninger, som får mange menighedsmedlemmer til at overveje: 'Kan jeg stadig tro på dette'?, lyder der jævnligt spørgsmål, som har noget med livsstil at gøre. Hvor bibelske er adventist-principper, der handler om mad, smykker, fritid, samliv og sex (herunder forhold mellem to af samme køn). Er nogle af disse restriktioner ikke bare noget, der er arvet fra dronning Victorias tid? Er de fleste af disse ikke grundlagt på Ellen White udtalelser i stedet for bibelske tekster? Er der ikke nogle blandt disse principper der er i strid med evangeliets løfte om frihed i Kristus?

Jeg nævner blot disse, fordi det er aktuelle spørgsmål, som stilles. Jeg ved godt, at spørgsmålene nu og da stilles, bare fordi de reflekterer et ønske om at retfærdiggøre ens egen livsstil. De er i virkeligheden ikke spørgsmål, der har rod i nogen teologisk overvejelse.

Der kunne siges meget mere om de enkelte punkter og om, hvorvidt en kirkelig organisation kan kræve overholdelse af så mange punkter uden at tillade divergerende holdninger og uden at opfordre til tolerance over for dem, der tænker anderledes. Mange kæmper med det dilemma ikke at vide, hvad de skal gøre med deres tvivl og de meninger, som afviger fra den officielle menigheds standard, som udtrykt i Fundamental Beliefs. Kan de stadig hævde at være 'rigtige' adventister? Kan de med god samvittighed forblive i Adventistkirken? Findes der en anden måde ud af dette dilemma, end helt at vende Adventistkirken ryggen?

I det næste kapitel, vil jeg gerne vende tilbage til emnet tvivl i al almindelighed, også tvivl om Gud og tvivl med hensyn til kirken. I et senere kapitel vil vi beskæftige os med tvivl, der gælder specielle læresætninger. Jeg har ikke svar på alle spørgsmål, for jeg bliver hele tiden konfronteret med min egen tvivl og spørgsmål – om min tro, min kirke og væsentlige facetter af adventtroen. Jeg håber imidlertid, at det, der følger, vil hjælpe læserne til at finde nogle 'værktøjer' til at håndtere deres spørgsmål og tvivl på en meningsfyldt måde.

2. DEL

Om at se tvivlen i øjnene og finde frem til svar

KAPITEL 6

Et spring i tro

Det var forholdsvis let, at skrive bogens første fem kapitler. Det var bare en beskrivelse af det, jeg ser og oplever rundt om i verden, - ikke mindst i den religiøse verden. Det handlede om krisen i den kristne kirke, men især Syvende dags Adventistkirken. Siden bevægede jeg mig ind på den personlige tros krise, som mange oplever – og senest den uro, som mange syvende dags adventister nærer, når det gælder nogle af deres kirkes trospunkter og dens strenghed. I indledningen til bogen forklarede jeg, at jeg havde valgt en speciel målgruppe, nemlig dem, der ikke længere føler sig helt hjemme i deres kirke og er på vej mod bagdøren. Jeg har kaldt denne kategori for 'troende i kirkens grænseland'.

Det er imidlertid en ting at beskrive en situation og en helt anden udfordring at komme med en løsning, der kan afhjælpe situationen. Hvis det er, hvad du forventer, så må du hellere standse din læsning her, for du vil bare blive skuffet. Jeg har tidligere i bogen stillet mange spørgsmål. Nogle af dem direkte – og andre mellem linjerne – , men jeg har ingen øjeblikkelige svar. Dertil kommer, at selv om jeg ikke betragter mig selv som en i 'kirkens grænseland' eller på vej væk fra en kirkeorganisation, så deler jeg mange af deres frustrationer og føler den samme uro, når jeg betragter flere tendenser inden for nutidens adventisme.

I dette og i de næste kapitler kan du forvente et ærligt forsøg på at foreslå nogle muligheder for håndtering af vore (dine og mine) forskellige usikkerheder og tvivlspunkter. Forhåbentlig alt sammen på en konstruktiv måde. Jeg har i de senere år og gennem forberedelsen af denne bog tænkt en hel del på de allerede nævnte problemstillinger.

Jeg har i tidens løb skrevet en del om disse emner, og jeg har talt med mange mennesker om dem. I det følgende vil jeg gerne fremsætte nogle af mine (ofte foreløbige) konklusioner. Jeg vil føle, at mine bestræbelser har været det hele værd, hvis en læser, her eller der, finder hjælp til at fjerne sin tvivl, og det vil glæde mig, hvis nogen efter læsningen af denne bog bevæger sig væk fra 'kirkens grænseland' og begynder på et tilfredsstillende og aktivt menighedsliv.

HVAD ER TVIVL?

Lad os først af alt forsøge at fjerne nogle få, men hyppige, misopfattelser af tvivl. Os Guinness, en fremtrædende kristen forfatter, nævner i sin bog om tvivl tre af disse forkerte opfattelser:

1. Det er forkert at tvivle, for det er det samme som vantro.
2. Tvivl har kun noget med tro at gøre, - ikke med viden.
3. Tvivl er skamfuld, og det er uærligt at blive i menigheden, hvis man har alvorlig tvivl.[1]

Lidt senere i bogen fremsætter han den meget væsentlige pointe, at tvivl er noget universelt: 'Det er kun Gud og tåber, der ikke tvivler', siger han.[2] I det følgende kan vi forhåbentlig være med til at aflive disse misopfattelser.

Vi har nok brug for at definere tanken om tvivl lidt mere. Tvivl er ikke noget, der blot er forbundet med religion og tro. Vi kan tvivle på visdommen i visse professionelle afgørelser og valg, vi har truffet i fortiden. Vi kan tvivle på konklusioner, som er fremsat af nogle forskere, eller tvivle på sandheden i nogle af de udsagn, som vore politikere kommer med. Vi kan være usikre på, hvordan vi kommer videre med et eller andet særligt projekt, eller tvivle på, om vi har den nødvendige ekspertise. Vi kan være meget i tvivl om visse moralske problemer. Nogle mennesker tvivler på deres ægtefælles trofasthed. Tvivl er altså et omfattende fænomen, og det ville være mærkeligt, hvis vi ikke oplevede tvivl, når vi nærmer os religionens område. *Tvivl er ikke bare et kristent problem, det er et menneskeligt problem.*[3]

Tvivl behøver ikke at være noget negativt, men det kan blive destruktivt eller skæbnesvangert, hvis vi ikke er villige til at konfrontere den og tøver med at kæmpe med den. Det bliver en direkte fare for vor åndelige sundhed, hvis vi kæler for vore tvivlsspørgsmål, som om de var det afgørende bevis for vores selvstændige og uafhængige tænkning. Tvivl er ikke et tegn på intelligens, men snarere på modvilje mod at gøre noget ved tvivlen.

Nogle af fortidens helgener – og også nutidens – har været igennem lange perioder med stor tvivl. Beretningen om St. Thérèse af Lisieux (1873-1897) er værd at læse. Hun var en fransk karmeliter nonne, populært kaldet 'Jesu lille blomst', og er en af de indflydelsesrige modeller på hellighed inden for den romersk katolske kirke. Hun kommer næsten op på siden af St. Frans af Assisi. Hun døde af tuberkulose i en alder af 24 efter at have været igennem lang periode med stor tvivl. På et tidspunkt bekendte hun, at hun ikke længere troede på muligheden for et evigt liv og sagde at Kristus havde ført hende til et underjordisk sted, hvor solen ikke længere kunne trænge igennem.[4] Til trods for hendes mørke periode med tvivl, blev hun kanoniseret af pave Pius XI, den 17. maj 1922, og i dag bliver hun omtalt som 'en læge i kirken'.

Også Martin Luther oplevede en lang periode med tvivl og følte, at Gud var fraværende. Han henviste til disse plager i sin *Anfechtungen* – en religiøs krise, der påvirkede ham helt og aldeles. Han indrømmede senere, at når han sommetider ønskede at prædike, blev han så overmandet af tvivl, at ordene stivnede på hans læber.

Og til manges overraskelse oplevede selv moder Teresa tider med åndelig tørke, hvor hun følte sig uden kontakt med Gud.[5] Selv om hun altid virkede glad over for offentligheden, gennemlevede Teresa en lang periode med store åndelige kvaler. I mere end 40 breve, hvoraf mange aldrig har været offentliggjort, klager hun over 'tørhed', 'mørke', 'ensomhed' og 'plage'. Hun sammenligner sin erfaring med et helvede, og på et tidspunkt siger hun, at hun endda tvivlede på, om der var en himmel. Selv Gud tvivlede hun på.[6]

Tvivl er ikke det samme som vantro. Det er vigtigt at skelne mellem disse to. Vantro er en viljesbe-slutning om ikke at tro. Det er en beslutning om at benægte eller indrømme, at muligheden for Guds eksistens er til stede. Det er en direkte fornægtelse af troen. Tvivl kan måske bedst beskrives som åbensindet uvished, mens vantro er en bevidst overbevisning om at Gud og troen er noget vrøvl, eller i det mindste, at de er irrelevante. Jeg læste et eller andet sted, at kineserne, når de taler om nogen, der tvivler, siger, at de har et ben i hver lejr. Det engelske ord *doubt*, såvel som det franske *doute* stammer fra det latinske udtryk *dubitare*, som egentlig betyder at være splittet – eller 'i syv sind'.

Den kendte protestantiske teolog, Paul Tillich (1886-1965) var ophavsmand til den ofte citerede udtalelse (som også har været tilskrevet Augustin): 'Tvivl er det modsatte af tro, det er et af troens elementer'.[7] Den jødiske forfatter Isaac Bashevis Singer (1902-1991) var også positiv over for tvivlens værdi: 'Tvivl hører hjemme i enhver religion. Alle religiøse tænkere var tvivlere'.[8] Alfred Lord Tennyson (1809-1892), en af Englands mest populære digtere i den victorianske tid, skrev i sit digt *In Memoriam:* 'Der er mere tro i en ærlig tvivl, end i en halv trosbekendelse'.[9]

At blive berørt af tvivl kan styrke troen. Det kan i virkeligheden give os en mere modstandsdygtig tro. Gary Parker sagde i sin bog *the Gift of Faith:* 'Hvis troen aldrig møder tvivl, så kæmper troen aldrig med fej. Hvis det gode aldrig kæmper med det onde, hvordan kan troen så vide, hvor stærk den er?'.[10] Af samtlige definitioner på tvivl, som jeg har fundet, kan jeg bedst lide flg. af Os Guinness: 'Tvivl er tro, der er kommet ud af fokus'.[11]

ER TVIVL EN SYND?

Mange troende i 'kirkens grænseland' føler sig skidt tilpas, eller direkte skyldig, ved at nære tvivl. De mener, at det er forkert at tvivle. Det er syndigt at tvivle. De tænker på historien om Adam og Eva i paradiset og deres møde med den onde, der viser sig for dem forklædt som en slange. Det første menneskepar havde ingen grund til at tvivle. De levede i perfekt harmoni under helt fredelige forhold i en smuk have. Da djævelen træder frem, viser tvivlen sig med ham. Han antyder, at Adam og Eva er i deres fulde ret til at tvivle på Guds gode intentioner. Gud holder noget tilbage for dem, siger djævelen, noget, der vil gøre dem mere modne. Mon det passer, tænker Adam og Eva.

De havde slet ikke tænkt på den mulighed før, men nu begynder de at tvivle – med alvorlige konsekvenser til følge. Enhver, der læser denne beretning, vil se sammenhængen mellem djævelen og synd på den ene side og tvivl på den anden.

I *Vejen til Kristus*, en af Ellen Whites bedste bøger, omtaler hun den direkte forbindelse mellem tvivl og synd. I kapitel 12 af bogen beskæftiger hun sig med, hvad man skal gøre ved sin tvivl. Hun indleder kapitlet med at indrømme, at kristne ikke er immune overfor tvivl.

> Mange, specielt de, som er unge i kristenlivet, bliver af og til bekymrede over de skeptiske spørgsmål, som melder sig. Der er mange ting i Bibelen, som de ikke kan forklare eller selv forstå, og Satan bruger disse ting til at ryste deres tro på Bibelen som en åbenbaring fra Gud. De spørger: 'Hvordan skal jeg finde den rigtige vej? Hvis Bibelen virkelig er Guds ord, hvordan kan jeg så blive gjort fri for denne tvivl og frustration'.[12]

Vi bemærker, at Satan – djævelen – bliver bragt ind i billedet. Det er ikke svært at finde andre steder, hvor Ellen White knytter den samme forbindelse. Tænk f.eks. på denne udtalelse: 'Satan vil arbejde ihærdigt, på forskellige måder og igennem forskellige kanaler, for at ryste tilliden blandt Guds sidste folk'.[13]

Er det korrekt at kæde tvivl sammen med djævelen og med synd? Ja og nej. Hvis vi antager, at alt, der er negativt og problematisk, på en eller anden måde stammer fra vores menneskelighed, der har tilladt det onde at komme ind i vor verden og påvirke vore liv, så er svaret ja. Men dette er en temmelig skævvreden tolkning. Hvis vi nemlig betragter andre bibelske beretninger, får vi et andet billede, der viser os tvivlens anden side. (Her tænker vi ikke så meget på det historiske i de bibelske beretninger, som i det budskab de har til os).

Lad os se på en af de største tvivlere, som Bibelen omtaler, Johannes Døber. Han var 'banebryder' for Jesus. Da Jesus kom til ham, mens Johannes var i færd med at døbe folk i Jordanfloden, vidste han godt, hvem Jesus var. Og han var klar over, at i samme øjeblik Jesus begyndte sin mission som Messias, ville hans egen tjeneste begynde at smuldre. Evangelierne fortæller meget lidt om Johannes og hans gerning, men vi træffer ham igen, da han er kastet i fængsel i Machairos-borgen, som Herodes havde ladet opføre i nærheden af Dødehavet. Johannes er i live, men har ikke mange illusioner med hensyn til fremtiden. Han er dybt deprimeret, og hans hjerte er fyldt med tvivl. Hvorfor skal han ende sit liv som fange? Han havde, sammen med mange andre, troet, at Jesus var Messias og skulle befri sit folk fra den romerske undertrykkelse. Det var imidlertid ikke gået sådan. Jesus havde kun en lille gruppe tilhængere. Han havde ikke noget permanent opholdssted og ikke et repræsentativt hovedkvarter, hvor han kunne tage imod folkets ledere eller diplomater fra de nærliggende nationer. Var han ikke i færd med at etablere sit rige?

Vi læser i beretningen, som den fortælles i Matt, 11,2-14, at Johannes får lov til at sende et par af sine medarbejdere til Jesus. Før havde han været så sikker på, at Jesus var det Guds lam, der skulle borttage verdens synd (Joh 1,29). Denne vished var nu helt forduftet, og han sender sine disciple til Jesus med spørgsmålet: 'Er du virkelig den, vi ventede? Har vi taget helt fejl?' Kan man forestille sig en stærkere tvivl hos én, der har brugt hele sit liv og alle sine kræfter på at promovere en person, som man virkelig troede på? Havde det hele været en farce, så den, man havde vist en sådan tillid, i virkeligheden var en bedrager?

Jesus bebrejder ikke de mænd, der kom for at besøge ham på vegne af fætteren Johannes. Han bad dem simpelthen om at være vågne, se sig omkring og fortælle Johannes, hvad de havde set og hørt om hans tjeneste. Læs evangeliets beretning en gang til og læg mærke til den bemærkning, som Jesus kommer med om Johannes, hvor han placerer denne på linje med den store gammeltestamentlige profet Elias: 'Sandelig siger jeg jer: Blandt kvindefødte er der ikke fremstået nogen større end Johannes Døber. Men den mindste i Himmeriget er større end han. Fra Johannes Døbers dage indtil nu er Himmeriget blevet stormet, og de fremstormende river det til sig. For alle profeterne og loven har indtil Johannes været forudsigelser. Og om I vil tage imod det: Han er Elias, som skulle komme' (Matt 11,11-14). Jesus så ikke Johannes som en håbløs synder, fordi han i øjeblikket var meget i tvivl.

Tvivl er ikke det samme som synd – i hvert fald ikke synd i betydningen personlig fejl, der skaber skyld i hjertet hos tvivleren. Dette er klart – ikke bare i beretningen om Johannes Døber, men også i andre beretninger om bibelske tvivlere. Vi kender alle Thomas, en af de tolv disciple, den navnkundige tvivler. Vi får at vide, at Thomas ikke var til stede, da den opstandne Kristus viste sig for disciplene første gang. Da Thomas hørte om, at Jesus havde vist sig, nægtede han at tro, at Jesus rent faktisk var i live. Thomas ønskede håndgribelige beviser. Kort efter mødte han Jesus og fik lov til at røre ved hans sår. Tvivlen forsvandt, og han genkendte Jesus, som den han var: 'Min Herre og min Gud' (Joh 20,28).

Vi ved naturligvis ikke om den apokryfe beretning i Thomasakterne[14] om apostlen Thomas' død i 72 AD er historisk, men der findes andre kilder, som også fortæller, at han mistede livet som martyr i Mylapore, et område i den indiske by Chennai. Han blev ført uden for byen, hvor fire soldater gennemborede ham med deres lanser. Traditionen placerer Thomas i Indien, hvor han skulle have forkyndt evangeliet fra ca 52 AD og fremover. Thomas havde et imponerende apostolsk CV til trods for, at han i Johannes' evangelium bliver fremstillet som en tvivler (20,19-29).

Johannes Døber og Thomas er ikke de eneste tvivlere i Bibelen. Tænk på beretningerne om Abraham og Sara og om Zakarias, far til Johannes Døber. Og tænk på Job. Midt i sin elendighed blev Job grebet af intens tvivl, men han vendte ikke Gud ryggen, som hustruen foreslog. Han tænkte i stedet på, hvorfor alt dette skete for ham? Det var ikke fair. Hvordan kunne man få hans mange uheld til at stemme overens med billedet af en kærlig og medlidende Gud? De sidste kapitler i Jobs bog er meget berigende at læse. Job kom til den konklusion, at han tvivlede, fordi han ikke helt forstod alt det om Gud.

(GEN-)FIND TROEN PÅ GUD

For mange er Jobs endelige konklusion endnu ikke inden for rækkevidde. De bliver ved med at kæmpe med deres tvivl. Hvis tvivl befinder sig midt imellem tro og vantro (som jeg tror det gør), hvordan kan så en troende 'i kirkens grænseland' bevæge sig mod tro i stedet for at drive endnu længere væk og ende med den rene vantro?[15]

Det er ofte blevet sagt, at det kræver et stort spring at tro på Gud. Paul Ricoeur (1913 – 2005), en velkendt, fransk filosof og ekspert på området hermeneutik (principper for bibelfortolkning), opfordrer folk til at begynde deres åndelige rejse i tro og ikke med tvivl, som de forsøger at fjerne gennem intellektuelle øvelser. Han opfordrer dem til at begynde med 'et væddemål'. Vi får en bedre start, siger han, når vi løber den beregnede risiko at antage, at den kristne tro skaber bedre grundlag for at leve i verden end en skeptisk indstilling. Dette betyder ikke, at vi bare skal glemme vores tvivl og vore spørgsmål, men at vi forsøger at leve på et hypotetisk trosgrundlag. For at gøre dette, må vi bestemme os for at søge et miljø, hvor troen er en faktor.[16] Vi må give den kristne historie en chance for at påvirke os og derefter vente for at se, hvad det gør ved os. Hvis vi foretager dette 'tros- spring', vil vi opdage, at 'man skal ikke skue hunden på hårene'.

Vore omgivelser betyder meget for vore oplevelser. Det er meget svært at nyde en Brandenburger koncert af Johan Sebastian Bach, hvis man befinder sig på et bilværksted, hvor alle mulige støjkilder blander sig i klangen af dette vidunderlige stykke musik. Hvis vi føler os stressede og forjagede, får vi mere ud af en stille spadseretur langs en skovsø, end hvis vi forsøger at bane os vej gennem myldretidstrafikken. En romantisk middag på en hyggelig restaurant virker mere befordrende på et parforhold, end køen på en McDonald's. Atmosfæren i en domkirke fra middelalderen, læsningen af en åndelig bog, et stykke inspirerende musik, et behageligt selskab med gode venner kan alt sammen være med til at skabe et miljø, som gør os mere åbne over for tillid til Gud – den intuitive vished om, at der er en, der har omsorg for os.

Ricoeur antyder, at troen spirer og gror bedst, hvor man taler 'troens sprog'. Den bedste måde, hvorpå man lærer og udvikler et nyt sprog, er at dykke helt ned i sproget. Dette er også sandt, når det gælder troens sprog. Jeg er enig med Ricoeur, når jeg tænker på min egen erfaring. Da jeg i 1984 sammen med min familie flyttede til Cameroon i Vestafrika, var der kun én engelsktalende person på den institution, som jeg skulle stå i spidsen for. De andre fyrre ansatte kommunikerede med hinanden på *bulu* – et af landets mange lokale sprog. Det officielle sprog var fransk, som jeg havde lært en smule af, da jeg gik i skole; men de første uger på stedet drev mig næsten til vanvid, for jeg forstod faktisk intet af det, der blev sagt til mig. Jeg lyttede imidlertid og forsøgte at tale med dem, selv om min grammatik var helt håbløs og mit ordforråd næsten minimalt. Jeg købte den lokale avis og læste den fra ende til anden hver eneste aften. Hver dag bestræbte jeg mig på at lære tyve nye franske ord. Efter ca. to måneder fattede jeg pludselig noget, og efter nogen tid kunne jeg klare mig på fransk, og jeg vovede endda at begynde at prædike på fransk. Jeg må desværre indrømme, at jeg igen har mistet de fleste af mine fransk kundskaber, for jeg befinder mig sjældent i et fransktalende område. Det samme gælder for svensk, som min kone og jeg egentlig gerne ville lære – af rent praktiske grunde – for vore to børnebørn bor i Sverige, og de vil hellere tale svensk end hollandsk. Vi kan godt tale med dem nu, og som en ekstra bonus, er vi i stand til at læse krimier om Wallander på original- sproget. Hemmeligheden omkring vort svenske var at dykke så langt ned i sproget som muligt. Derfor siger Ricoeur, at hvis du vil hjælpe folk, der forgæves har forsøgt at tro, så giv dem det råd, at de skal blive ved at beskæftige sig med *troens sprog*.

Hvis du selv befinder dig i 'kirkens grænseland' og er ved at miste troen, så læs Bibelen, selv om det ikke betyder så meget for dig til at begynde med. Selv om du er blevet træt af de mindre behagelige ting i Bibelen, så er det en god øvelse. (Du kan, eventuelt for en tid, springe de dele over, som du har svært ved at kapere). Overbevis også dig selv om, at du skal gå i kirke, hvor du kan lære troens sprog at kende. Der er måske mange ting i gudstjenesten, som gør dig utilpas, og du vil møde mennesker, som du egentlig helst ville undgå; men lyt til bønnerne og bed for dig selv, selv om du tvivler på, at det gavner noget. Jeg gentager: *Fordyb dig i troens sprog.*

Mange, der har gjort det, har sagt, at de har fået tro igen. Jeg bruger med vilje udtrykket 'fået tro', for tro er en gave og ikke noget, der kommer som et resultat af vore egne intellektuelle bestræbelser. Det vender vi tilbage til senere.

Mange af dem, der har fulgt Paoul Ricoeur's råd, bevidner at kristendommen er sand, fordi 'den virker'. Men troen kræver et spring! Nogle vil kalde det et spring ud i mørket eller endda et psykologisk trick. Sigmund Freud (1856-1939) var den mest kendte fortaler for et sådant synspunkt. Han antog religiøs tro for at være ren og skær ønsketænkning. En gang imellem brugte han også mindre venlige udtryk som: neuroser, illusion, gift og forgiftning. Gud, som en himmelsk Far, er bare en forestilling, sagde han, der stammer fra ubevidste problemer med vores biologiske far. Andre har udtrykt sig på lignende måder.

Freud og andre har naturligvis ret til at have denne holdning, for det er jo bare: *holdninger*. Hvis man betragter alt som noget, der kommer fra det ubevidstes sfære, behøver man jo ikke at bevise noget. At antyde, at troen bare er ønsketænkning, har ingen værdi, for det er tydeligt, at mange af den religiøse tros træk (synd og dom) naturligvis ikke er noget, som man ville give sig til at drømme om.

ER DER GRUND TIL AT TRO PÅ GUD?

Jeg skal forsøge ikke at blive alt for teknisk, men vort emne kræver, at vi graver lidt dybere. I kapitel to så vi, at det kun er få mennesker, der lader sig overbevise af de klassiske 'beviser' på Guds eksistens. Når jeg personligt har kæmpet med spørgsmålet, om jeg kunne være sikker på, at Gud virkelig er til, har jeg opdaget sandheden i den 'metode', som Paul Ricoeur anbefalede. Men jeg har også haft megen gavn af at læse to andre betydningsfulde bøger. Jeg opdagede den første af disse, da jeg på en ferie i Sverige besøgte en lille boghandel. Jeg manglede noget at læse i – og udvalget var ikke stort – så jeg valgte Nancey Murphy's bog, *Beyond Liberalism and Fundamentalism*.[17] Jeg kan ikke huske, hvordan jeg fandt den anden bog, *Warranted Christian Beliefs*[18], som er skrevet af Alvin Plantinga, professor emeritus fra det kendte Catholic Notre Dame Universssisty i South Bend, Indiana. Disse to teologer hjalp mig til at slappe af og lade mine spørgsmål angående Guds eksistens hvile. De fortalte mig, at der findes ingen uomstødelige 'beviser' for Guds eksistens, men at der ikke desto mindre findes gode argumenter for at tro, at han er til. De forklarer i deres bøger, at der altid vil være plads til tvivl, men at dette i sig selv ikke er et uoverstigeligt problem.

For en præst i Syvende dags Adventistkirken er det naturligvis altid godt at nævne, at Ellen White helhjertet går ind for noget! Og det gør hun i alt fald her. Lad mig derfor, før jeg bevæger mig videre til den mere filosofiske begrebsverden, som jeg fandt hos Nancey Murphy og Alvin Plantinga, citere nogle få linjer fra Vejen til Kristus – samme kapitel, som jeg allerede tidligere har henvist til: *Gud forlanger aldrig, at vi skal tro, uden at give tilstrækkelige vidnesbyrd, som vi kan bygge vor tro på. Hans tilværelse, hans karakter, hans ords sandhed befæstes ved vidnesbyrd, som vi kan fatte med vor fornuft. Disse vidnesbyrd findes i overflod. Men Gud har aldrig fjernet muligheden for tvivl.*[19]

Jeg håber, du stadig er tålmodig nok til at læse videre, når jeg forlader Ellen White og går videre til Murphy og Plantinga. De beskæftiger sig med spørgsmål, om der for alvor findes en grund til at tro på Gud. Ligesom Ellen White siger de, at der altid vil være plads til tvivl! (Hvis du synes, at det nu bliver for filosofisk for din smag, skal du føle dig fri til at springe over resten af denne del.)

Hvordan kan vi være sikre på, at når vi taler om Gud, bruger vi ikke bare nogle fromme ord, men vi taler om en virkelighed, der eksisterer? Hvordan kan vi være sikre på, at vi taler om et personligt væsen, der handler og griber ind i denne verdens affærer? Og kan vi være helt sikre på, at den kristne tros mursten er absolutte og helt sande? Er der nogle få moralske principper som er tidløse og uforanderlige?

Funktionalisme er et udtryk, der dækker det filosofiske forsøg på at opdage sådanne absolutte principper – opfattelser, der ikke er afhængige af andre opfattelser for at kunne retfærdiggøres, men er 'grundlæggende' eller 'indlysende'. Funktionalismen findes i forskellige versioner. Den klassiske funktionalisme bygger på den overbevisning, at al vor kundskab bygger på visse absolutte og uimodsigelige principper.[20] I henhold til denne teori er disse grundlæggende overbevisninger selvindlysende sande. Når du, med andre ord, møder dem, slår de dig med en sådan kraft, at du er nødt til at acceptere dem som sande. I dag er der en udbredt tvivl om berettigelsen af denne 'stærke' funktionalisme. Ingen, hævder man, kan nærme sig disse 'grundlæggende' sager uden at være forud indtaget. Og selv hvis flere af principperne synes at støtte hinanden, så udgør denne såkaldte overensstemmelse ikke et vandtæt bevis for deres sandhed.

Hvis denne 'stærke' funktionalisme er en bro, der er for langt ude, betyder det så, at der ikke er noget solidt at bygge på; at der kun er sociale skikke og personlige præferencer, og at den totale skepsis har overtaget? Heldigvis kan vi vælge den vej, der normalt kaldes for 'let funktionalisme'. I henhold til denne har vi med noget mindre end helt vished at gøre, men der er alligevel vished nok til at begrunde vores tro (også det ville Ellen White være enig i, selv om hun aldrig har hørt om udtrykket funktionalisme). Tilhængerne af 'let funktionalisme' indrømmer, at deres kærneopfattelse ikke er fuldstændig immun overfor tænkelig tvivl, men at den 'godt kan accepteres, medmindre man har en god grund til at tro, at den er helt undermineret. De er uskyldige, indtil andet er bevist'.[21]

Vær bare tålmodig lidt endnu! Mange, der har beskæftiget sig med dette emne, hævder, at man må betragte noget som troværdigt, så længe som man har anvendt en troværdig metode for at nå frem til det.[22] Hvis forskellige ideer harmonerer med hinanden og danner en sammenhæng, er der god grund til at acceptere dem som sande. Hvis man følger denne opfattelse, er det imidlertid ikke forudsat, at et sæt læresætninger fremstår som en færdig pakke, det ville gøre påstanden om 'sandhed' for stærk. Men trospunkter, siger Nancey Murphy og andre tilhængere af den 'lette funktionalisme', bygger på hinanden og i sidste ende på helheden.[23] Den amerikanske filosof W.W. Quine (1908-2000) foretrak billedet af et *spind*.[24] I et spind er de enkelte tråde skøre og sårbare, men sammen danner trådene en solid struktur. De enkelte trospunkter kan have deres svagheder og derfor udsat for tøven og tvivl, men et sæt af sammenhængende trospunkter giver os et stærkt udgangspunkt. Alvin Plantinga (f. 1932) har præsenteret begrebet '*garanterede* trospunkter'.[25] Han forsvarer det med, at vi muligvis ikke har den absolutte vished, som de 'stærke' funktionalister gerne vil have, men at der er tilstrækkelig garanti for at støtte de trospunkter, som er grundlæggende for kristendommen.

Selv om der skulle være et gran af ønsketænkning i ens holdning, siger Platinga, så er det ikke nok til at afskrive den som tro. Måske har vores designer-Gud (hvis vi antager, at han eksisterer) skabt os med et indbygget ønske om at tro på ham og efter at blive mere og mere bevidste om hans nærvær. 'Mennesker kan meget vel være skabt sådan psykologisk af deres skaber, at, når de oplever bestemte ting, vil troen på Gud være den naturlige konklusion.[26] Måske den store kirkefader Augustin (354-430) ledte os i den retning med sin berømte udtalelse: Vore hjerter er urolige, indtil de finder hvile i dig, o Gud.[27]

DEN ULOGISKE TRO

Før vi går videre, vil jeg gerne gøre klart, at det ikke er alt, der går under betegnelsen tro, der fortjener denne betegnelse. Der findes en form for tro, som er usund og gør folk nedtrykte. Den får dem til at føle sig lukket inde og gør dem neurotiske og bange. Der er den slags tro, som resulterer i en frastødende arrogance af at man ejer den endelige sandhed om alt muligt. Denne form for tro fostrer intolerance og har ofte medført grusomme forfølgelser.

Hans Küng, en romerskkatolsk teolog, der for at udtrykke det mildt ikke var særlig værdsat af hans kirkes ledelse, har udtrykt det rigtig godt:

> *Troen på Gud var og er ofte autoritær, tyrannisk og reaktionær. Den kan resultere i frygt, umodenhed, snæversyn, intolerance, uretfærdighed, frustration og social isolation. Den kan legitimere og inspirere til umoral, sociale overgreb og krige inden for en nation og mellem nationer. Men troen på Gud kan også være frigørende, fremtidsorienteret og gavnlig for mennesker. Den kan sprede tillid, modenhed, udsyn, tolerance, kreativitet og socialt ansvar, åndelig fornyelse, sociale reformer og verdensfred.*[28]

Den frigørende og gavnlige slags tro er den tro, som vi ønsker at få eller genskabe. Kun den slags tro, der får mennesker til at vokse som enkeltpersoner og gør dem mere menneskelige er sit navn værdigt.[29]

Nogle mennesker taler om tro og troen på Gud som noget mærkeligt og unormalt, eller noget, som vi burde være vokset fra. Dette må vi protestere kraftigt imod. Vi tror alle sammen på masser af ting, hele tiden. Når jeg kører i min bil over en smal bro, tøver jeg ikke med at følge efter andre biler. Jeg standser ikke for at foretage en nøje undersøgelse af, om den nu er stærk nok. Broen har været der i mange år. Hundredvis af biler kører over den hver eneste dag. Jeg har en stærk tro på, at den også holder til, at jeg kører over den.

Vi tror på mange andre ting. Jeg har aldrig været på hverken Nordpolen eller Sydpolen, men jeg har set billeder af mennesker, der planter deres nationale flag og siger, at det er polen. Jeg kan på ingen måde checke sandheden i deres påstand. Billederne kunne være fra det nordlige Canada eller Sibirien, eller de kunne være konstrueret af en computernørd i Miami. Jeg tilhører imidlertid ikke 'den flade jords' tilhængere og tror, at verden er en kugle, at der findes to punkter modsat hinanden, som vi kalder poler. Jeg tvivler ikke på, at ganske mange har været der. På samme måde er det, når vi tager bussen eller flyver med en rutemaskine. Vi har tillid til chaufførens eller pilotens erfaring, og når vi tager ud for at spise, så tror vi på, at kokken ikke vil forgifte os.

H.C. Rümke (1893-1967), en af de mest prominente hollandske psykiatere i midten af det tyvende århundrede gik stærkt ind for det normale ved en religiøs bog, da han skrev sin klassiske bog om karakter og holdninger i henhold til tro og vantro.[30] Hvis vi definerer tro som en tillid til, at noget er sandt, og handler i forhold til denne tro, så må vi, konkluderer han, sige at der findes ingen mennesker, som ikke viser tro. Hele vores tilværelse er baseret på den form for tillidsfuld tro, der hverken er instinkt eller intuition. Den religiøse tro er en speciel form for tro. Hvis man antyder at den slags tro er tegn på en mental lidelse eller mangel på modenhed, så viser man bare en ulogisk forudindtagethed.[31]

Det ser ud til, at man ikke kan sidestille tro med den intellektuelle accept af logiske argumenter eller visse utvivlsomme forhold. Ikke engang Plantinga's forklaring af 'ønskelig tro' kan fjerne enhver skygge af tvivl. Troen på, at Gud er til, og at vi kan stole på ham rækker videre, end hvad vi kan tænke os til, uanset hvor kloge vi er, og det rækker videre end det, vi kan se, høre eller føle. Det samme understreges af Hebræerbrevets forfatter i den kendte definition på tro: 'Tro er fast tillid til det, der håbes på, overbevisning om det, der ikke ses'. Eller som Eugene Peterson oversætter det i sin *Message Bible*: 'Tro er den faste grundvold under alt det, som gør livet værd at leve. Det er håndtaget på det, vi ikke kan se'.[32] Denne forklaring antyder ikke, at vi godt kan sige farvel til al fornuft og intelligens. Det betyder ikke, at Mark Twain havde ret, når han sagde: 'Tro er at tro på det, du ved kke er sandt!' Tro er ikke et spørgsmål om at vende ryggen til vort intellekt og vilje til at træde ind i en verden med magi eller science fiction, hvor alting er muligt.

Skeptikere, der ønsker at tvivle på alt, vil naturligvis fortsætte med at hævde, at tro skal være baseret på solide beviser, d.v.s. beviser, der kan checkes ved hjælp af vore sanser. Men der er altid en skæbnesvanger mangel på konsistens hos skeptikeren. I konkrete situationer vil skeptikeren, der hævder, at han ikke kan være sikker på noget som helst, glemme sin skepsis. Når hans hus brænder, tvivler han ikke længere på ildens realitet, men ringer til 112, griber nogle få værdigenstande og flygter ud af huset!

Naturligvis er det vigtigt at tænke, men når det kommer til stykket, hvorfor skulle vi så bare stole på en enkelt af de evner, som vi er udstyret med, og ikke de andre. Hvorfor skulle vi f.eks. stole mere på tanken end på opfattelse og intuition? Valget om at stole udelukkende på evnen til at tænke er, når alt kommer til alt, et vilkårligt valg.[33] Tro, siger Hans Küng, vil kun være det halve, hvis den kun udnytter vor forståelse og ræson uden at tage hensyn til hele mennesket, også vort hjerte. Det handler ikke bare om teologiske udtalelser eller læresætninger som defineret af en kirke, eller om intellektuelle argumenter, men det har også meget at gøre med vor forestillingsevne og følelser.[34]

Troen på Gud er ikke uden udfordringer, men det betaler sig 'at prøve at tro'.[35] Vi føler måske, at vi har for få beviser til at være overbeviste. På den anden side, har vi også for mange beviser til at ignorere den.[36] Det kan godt være, at vi ikke har det endelige bevis, men så vidt er der ingen, der har kunnet levere et endegyldigt bevis for, at Gud ikke er til. At tro på Gud er en handling hos det hele menneske, både hjerne og hjerte; en handling, der foretages i en fornuftig tillid, som strengt taget ikke kan bevises, men alligevel har sine gode grunde.

EN GUD VI KAN TRO PÅ?

Nu går vi et skridt videre – eller et spring – i vores søgen efter tro. Det er vigtigt at vi spørger, om vores tro peger mod den *sande* Gud. Kristentroen har først og fremmest at gøre med tillid til en *person*. Nogle fokuserer fejlagtigt på deres tro på Bibelen og gør Skrifterne til deres gud. Mange kristne har begået den fejl. Mange protestanter tilbeder en bog frem for en person; de baserer deres tro på et dokument i stedet for på Ham, som dokumentet henviser til. Mange katolikker begår den fejl at gøre kirken til centrum for deres tro i stedet for Ham, som kirken skulle forkynde.[37] Nogle adventister har centreret deres tro på de 28 fundamentale trospunkter. Vi må aldrig glemme, at *ægte tro er et person til Person forhold*. Alt andet er sekundært.

Men så vender det altafgørende spørgsmål naturligvis tilbage: *Kan vi tro på en Gud, der tillader, at der sker så meget frygteligt?* Der findes ingen lette svar på det spørgsmål. I virkeligheden findes der slet ingen altafgørende svar. I sidste ende, er der kun det menneskelige svar, at hvis Gud er kærlighed og ved alle ting, så ved han, hvad han gør. Han må have sine grunde til at lade det onde få adgang til verden. Han er almægtig og kunne gøre alt, men han vælger kun at gøre, hvad han gør. Han vælger at bruge sin magt på sin uigennemskuelige måde. Hvis Gud er den slags Gud, som Bibelen siger, at han er, så er han alvidende, og man kan stole på hans visdom – selv om tilliden bliver udfordret, når noget ødelæggende rammer os.

Jeg kender ingen bibelsk beretning, der belyser dette bedre end Jobs bog. Job var patriarken, der i begyndelsen af beretningen, ejede alt, hvad han kunne ønske sig og så mistede det hele: hans materielle ejendom, hans hjem, hans helbred og endda hans børn. Det er forståeligt, at han stillede det evige spørgsmål: Hvorfor? Hans venner foregav at kende svaret. De hævdede, at der måtte være en eller anden frygtelig hemmelighed i Jobs tilværelse, og den blev han nu straffet for af Gud. Job selv kunne ikke forstå, hvorfor han skulle udsættes for så store vanskeligheder. Hans hustru foreslog endda, at han skulle holde op med at tro på Gud. Man må indrømme, at der er nogle meget bemærkelsesværdige sider ved denne beretning om tab og genvinding. Der er først og fremmest noget, jeg har vældig svært ved at forstå, i denne bog. Satan bliver præsenteret som en betydningsfuld medspiller. Mærkværdigvis ser det ud til, at djævelen stadig har adgang til himmelen, og vi læser, at han stadig kan træde frem for Gud. Han diskuterer med Gud om Job og Jobs egoistiske grunde til at være loyal over for Gud. Som et resultat af diskussionen tillader Gud, at Satan får lov til at prøve Job, selv om Gud sætter en grænse: Satan må ikke tage Jobs liv. Jeg skal indrømme, at jeg synes, det er en mærkelig historie, men den væsentlige mening må være, at der skjuler sig så meget i det ondes mysterium, i lidelse og død, mere end vi kan se og forstå. Denne gammeltestamentlige beretning fortæller os, at der er overmenneskelige dimensioner gemt i det onde og i lidelsens problem, og at vi derfor ikke må tro, at vi som begrænsede menneskelige væsener kan finde endelige svar.

Men så er der jo også slutningen på Jobs bog. Den hører til mine yndlingssteder i Bibelen. Den fortæller os, at man ikke kan forklare Gud, for han er så anderledes end os og uendeligt meget større, end vi nogensinde kan forestille os. Da Jobs venner ikke længere kan finde mere at sige, og Job selv ikke ser nogen vej ud af sit dilemma, taler Gud til ham gennem en voldsom storm og stiller ham nogle dybsindige spørgsmål.

> Hvorfor forvirrer du problemet? Hvorfor taler du uden at vide, hvad du taler om? Tag dig sammen, Job! Jeg har nogle spørgsmål til dig, og jeg vil gerne bede om direkte svar.
>
> Hvor var du, da jeg skabte jorden? Sig mig det, siden du ved så meget! Hvem bestemte dens størrelse? Det véd du vel! Hvem fandt på ideen og størrelsesforholdene? Hvordan fik man fundamentet på plads, og hvem lagde grundstenen?
> Har du nogensinde sagt til morgenen: 'Stå op'! eller sagt til dagen: 'Se så at komme i gang'!...
>
> Har du nogensinde gransket dybderne i ting, udforsket de krydsende vande i havet? Har du en idé om dødens mørke mysterier? Og tænker du på, hvor stor jorden er? Sig fra, hvis du har bare begyndelsen til et svar. (Job 38, *The Message Bible*).

Jeg har bare citeret nogle få af de mange spørgsmål, som Gud stillede Job. Og Job fattede budskabet. Han holder op med at klage. Nu kan han endelig se tingene i de rette proportioner.

Job svarede Gud: 'Jeg er overbevist: du kan gøre hvad som helst og alting. Intet og ingen kan modstå dine planer... Jeg plaprede bare løs om ting, som ligger uden for min forstand, snakkede uforstandigt om undere, som overgår min forstand. Du sagde til mig: 'Lyt, og lad mig tale. Lad mig spørge, så du kan svare'. Jeg indrømmer, at jeg havde hørt rygter om dig; nu har jeg hørt det hele fra dig selv – jeg har set det med egne øjne og hørt det med egne ører! Undskyld mig – Jeg skal aldrig gøre det igen. Jeg vil aldrig mere nøjes med rygter'. (Job 42,1-6, *The Message Bible*).

Jeg vil ikke diskutere, om Jobs bog er historisk i alle detaljer. For mig betyder det ikke ret meget, om der virkelig levede en mand på patriarkernes tid, som hed Job og som ejede nøjagtig syv tusinde får og geder og tre tusinde kameler. Om han havde en kone, syv sønner og tre døtre. Det bekymrer mig ikke om virkeligheden var sådan. Det er i alt fald svært at forestille sig, at Jobs venner talte til ham, som deres taler refereres i Jobs bog. Hvis man hænger sig i det historiske, står man i fare for at miste den pointe, som gjorde, at bogen kom med i den bibelske kanon. Det kom den på grund af dens fokus på menneskelig lidelse. Den fortæller os, at lidelse er virkelig og kan lede os til afmagt og desperation. Den understreger også den kendsgerning, at alle menneskelige teorier er tomme og utilfredsstillende – som vi indser, når vi lytter til vennernes bombastiske ord. Historien ønsker imidlertid også at overbevise os om, at Gud har det sidste ord. Gud er en, man kan stole på, fordi han er den, han er.

Jeg gentager: Kristen tro handler først af alt om tillid til en person. Vi bliver nødt til at indrømme, at vi ikke kan – og aldrig i dette liv vil komme til at forstå, hvorfor Gud ikke griber ind, når der hænder gode mennesker noget skidt. I samme stund må vi imidlertid indse, at det gør han oftere, end vi forestiller os. Hvis det onde kun er ude på at knuse os, så må det være Guds konstante og kærlige indgriben, at vi i det hele taget lever, og at vi på trods af al elendigheden får lov til at opleve masser af glæde og skønhed. *Det er måske lige så stort et mysterium, at der findes så meget godt, som at der findes så meget ondskab.* Når vi tænker over dette, så lad os altid huske, at Gud vil altid være Gud. Hvis vi kunne forstå ham til fulde, ville han ikke længere være Gud, men være bragt ned på vort plan. Og hvem ville egentlig bryde sig om en sådan Gud?

Her må vi så tage endnu et skridt i tro! Hvis Gud – som kristne ser ham og Bibelen beskriver ham – eksisterer, og hvis ordene i Joh 3,16 passer: 'Gud gav sin eneste søn', så står vi over for et offer, der er så enormt og så langt fra vores fatteevne, at vi må spørge os selv, om vi egentlig har ret til at tvivle på Gud, bare fordi der sker os selv noget ondt – eller fordi der findes ondskab i verden. Hvis det er sandt, at Gud gav sit kæreste eje for os, så må vi standse og tænke os om to gange, før vi anklager ham for ikke at vise os nok kærlighed. Hvis vi kan tro, at Gud ofrede sin kære søn for vores skyld, så har vi virkelig et grundlag at bygge vor tillid til Gud på.

HVORDAN FÅR MAN TRO, NÅR MAN SÅ GERNE VIL TRO?

Lad os et øjeblik vende tilbage til spørgsmålet om, hvor og hvordan troen opstår. Kan man bare vælge at tro? Eller vælge ikke at tro? Er nogen mennesker født med en speciel evne til at tro? Er det i virkeligheden et spørgsmål om miljø og opdragelse? Hvorfor ønsker nogle uden held at vende troen ryggen, mens andre siger, at de misunder dem, der har tro, mens de selv famler efter selv at finde den samme tro? Disse er langt fra enkle spørgsmål.

Ville det være ubegrundet at tro, at hvis Gud eksisterer og på en eller anden måde er skyld i, at vi er til, så udrustede han os med en eller anden evne til at tro? Med andre ord, der er et eller andet i os, der indser den kendsgerning, at Gud er der og rækker ud efter os – at han ønsker at have fællesskab med os. Kald det en sjette eller syvende sans, eller giv det en latinsk betegnelse, som kirkereformatoren John Calvin gjorde det i det sekstende århundrede[38] – eller beskriv det som en indre vished om, at der er en Gud, som ikke bare eksisterer, men som har omsorg. Kunne vi måske sige, at når mennesker ikke er tunet ind på en sådan følelse af et guddommeligt nærvær, så er det fordi deres antenne er blevet så rusten, at signalet ikke længere kan opfanges?

Evnen til at modtage og give kærlighed har det lidt på samme måde, synes jeg, som evnen til tro religiøst. For de fleste mennesker er evnen til at elske noget naturligt. Fra første færd, endda før de kan gå og tale, er børnene i stand til at reagere på deres mors kærligheds signaler. Vi kan ikke forklare denne forbavsende kærligheds mekanisme. Den er der bare. Medmindre der er en eller anden personlighedsbrist, eller noget udvikler sig helt forkert i vores barndom, så vokser vi op med denne mystiske evne til at genkende kærlighed, til at modtage og at give den. Kærlighed, kan vi sige, er en gave, som vi har modtaget. Den er ikke afhængig af intellektuelle argumenter, selv om vi ved, at vi ikke er i stand til at elske uden at bruge hjernen. Der er dog forskelle på folks evne til at give og at modtage kærlighed. Nogle mennesker synes ikke længere at have antennen til at modtage kærligheds- signaler fra andre og er ikke i stand til at reagere på sådanne signaler. Det skal imidlertid ikke lede os til at tvivle på virkeligheden og normaliteten af kærlighed.

Tro – evnen til at tro og vise tillid til Gud og det intense ønske om at kende ham bedre eller at finde ud af, hvad han ønsker for os og fra os – er også en gave. Enhver har i større eller mindre grad modtaget den gave. Paulus, der skrev en række breve til nogle af de kristne menigheder i midten af det første århundrede, antyder, at Gud helt fra begyndelsen har plantet en basisviden om sig selv i alle mennesker. Han peger især på naturen som en kilde til viden om Gud, når han siger: 'For hans usynlige væsen, både hans evige kraft og hans guddommelighed, har kunnet ses siden verdens skabelse og kendes på hans gerninger. De har altså ingen undskyldning' (Rom 1,20).

Denne bevidsthed om det guddommelige kommer ikke som et resultat af en dybsindig tænkning, ej heller gennem ivrigt bibelstudium, selv om begge dele er gavnlige. Det kommer til os som en gave. Skulle vi have mistet den, kan den genvindes. Apostlen Paulus, som vi lige har citeret, skrev nemlig til en anden menighed: 'For af den nåde er I frelst ved tro. Og det skyldes ikke jer selv, gaven er Guds' (Ef 2,8).

Gaven kommer sommetider som sendt fra himlen, men almindeligvis får vi den ved at søge de steder, hvor denne gave normalt udleveres.

Mennesker, der er begyndt at tro, kan fortælle dig forskellige beretninger om, hvordan de blev troende. Nogle vil indrømme, at allerinderst inde har de altid troet, de har bare ikke været klar over det. Andre kan nøjagtigt fortælle, hvornår og hvordan de kom til tro. Sådanne mennesker omtaler sjældent intellektuelle argumenter, selv om sådanne har været med til at styrke deres tro. Når de peger på tidspunkt og sted for deres tros begyndelse, har det ofte noget med sanserne at gøre. De fortæller, at de følte en guddommelig tilstedeværelse; eller de blev overvældet ved at betragte stjernehimmelen på en klar aften. De taler om ærefrygt, om at blive prikket i deres inderste. De følte pludselig trang til at bede og følte sig bønhørt. Der er ingen tvivl om, at troen sætter stærke følelser i gang.

Kan vi bestemme, at nu vil vi tro, eller nu ønsker vi at vende tilbage til den tro, vi engang havde, og kan vi også nægte at tro på Gud? Lad mig igen citere Rümke:

> 'Jeg har aldrig set et tilfælde, hvor nogen har fundet troen ved at tænke eller ville. Når vi undersøger dem, der siger, at de fandt troen gennem rationelle argumenter, finder vi altid ud af, at udtrykket 'rationel' skal opfattes meget bredt. Spørger man ind til det, vil de ofte indrømme, at tanke-processen indeholdt flere elementer, der er identiske med tro og tillid.
>
> Når man undersøger dem, der siger, at de har fundet troen ved at ville den, har jeg ofte opdaget, at deres tro ikke var ægte, eller at villighed til at tro i virkeligheden var en form for tro, der havde udviklet sig. Jeg kan ikke sige, at det er helt umuligt, at der findes tilfælde, hvor det at ræsonnere og at ville har ledt til tro. Jeg kan bare sige, at jeg aldrig har været ude for sådanne tilfælde. Jeg tror dog, at 'tænkning' og 'vilje' kan spille en betydningsfuld rolle i vort indre liv og i det, vi kalder religion'.[39]

Billedet af et troens spring er meget passende. Tro er ofte blevet beskrevet som et vovestykke, eller som at begynde på en vandring uden at vide, hvor den fører hen. Det var den form for tro, som Abraham, ifl. Bibelen viste, efter at han blev kaldet af Gud til at forlade den by, hvor han havde slået sig ned, og rejse mod et ukendt mål. Han havde ikke de nøjagtige koordinater at fodre sin GPS med, så han bare kunne følge stemmen, der ville dirigere ham i den rigtige retning, hver gang han nåede et vejkryds. Han fik sin rutebeskrivelse i små bidder. Beretningen om Abraham viser, at troen er lidt af et vovestykke. Men troens vovestykke er dog ikke et spring ud i mørket eller et spring over et svælg, hvor man ikke kender bredden. Det, vi bliver bedt om at tro på, er slet ikke som de mærkelige fænomener i Haruki Marukamis eller Harry Potters verden. Det kan godt være, at vi hverken kan undersøge dem med vore sanser eller studere dem i laboratoriet, men de er en del af et net af troværdige tråde, der på en eller anden måde passer sammen.

Hvordan foretager du dette spring? Eller for igen at bruge det andet billede, hvor går du hen for at få 'troens gave'? Jeg kan ikke angive et 12 trins program, der vil hjælpe dig til at gå fra vantro til tro. Sådan fungerer det ikke. Men jeg tror, det er en ønskværdig antagelse, at Gud har skabt os med en evne til at tro, og at han er mere end parat til at give troens gave tilbage til dem, der måtte have mistet den. Det kan godt være, at han sommetider venter, indtil han føler, at tidspunktet er det rette. Måske venter Gud, indtil den menneskelige modtager har den rette holdning, en åbenhed og en taknemmelighed over gaven? Fremfor alt andet skal vi huske, at troen kræver forventning og åbenhed. Vi er nødt til at række hånden frem, hvid vi ønsker at få gaven. Vi må være villige til at tage springet.

Og så må vi bede. Hvis vi er holdt op med at bede, må vi genoptage den vane. Jeg kan godt høre den umiddelbare reaktion: 'Bøn forudsætter ikke tro, men den er et resultat af tro. Troende beder. Ikke troende beder ikke. På en måde er dette rigtigt. Hvis man tror på Gud, har man lyst til at tale med ham, som man tror på. Men det er også sandt, at sand bøn kan lede til tro. Hvis Gud ønsker, at vi skal have tro, vil han høre selv den mest primitive bøn, der siger: 'Kære Gud, giv mig den gave'? Og hvis vi føler, at vor tro er svag og ikke ved, hvordan vi skal komme videre, kan vi bare gentage den korte bøn, som den desperate mand, der kom til Jesus på vegne af en døende søn, bad: 'Jeg tror, hjælp min vantro' (Mark 9,24).

GUD KAN FINDES

Den gode nyhed for 'troende i kirkens grænseland', der har vanskeligt ved at tro på Gud og stole på ham, fordi de ser så megen ondskab og lidelse i verden, er, at man kan sejre over tvivlen. Tvivlen kan i virkeligheden hjælpe os til at vokse til modne, sunde og afbalancerede troende. Jeg anbefaler, hvis du ønsker eksempler på folk, der har besejret deres tvivl med hensyn til Gud, og som har fundet Gud (måske for første gang), at du læser bøger, der fortæller om folk, som har fundet Gud. Der er massevis af sådanne bøger. Selv har jeg fundet glæde i at læse en bog af M. Mulder: *Finding God*.[40] Og hvis du tænker på den megen lidelse i verden, som også er årsag til megen tvivl, så har jeg fundet C.S. Lewis bog *The Problem of Pain* meget inspirerende. Lewis blev ikke sparet, når det gælder lidelse, men alligevel siger han slående: 'Jeg har set stor skønhed hos mennesker, der led meget. Jeg har set mennesker blive bedre – og ikke værre – som tiden er gået, og jeg har set den sidste sygdom fremtrylle et væld af styrke og ydmyghed hos selv de mest usandsynlige personer'.[41]

Uheldigvis er der mange, der mister troen, og det kan der være mange årsager til; men det modsatte er også sandt. Mange mænd og kvinder genfinder troen og er i stand til at gøre den til centrum i deres tilværelse. Hvis du er en troende 'i grænselandet', udfordrer jeg dig: Vend ikke din tro ryggen. Gud er til, og du kan få et personligt forhold til ham, som giver dit liv en ny mening. Hvis din tro gradvis er blevet svækket, så søg igen efter troens gave. Til trods for al min egen tvivl og usikkerhed, tror jeg stadig, at det er det bedste man kan gøre.

KAPITEL 7

Hvorfor skal vi stadig blive i menigheden?

I 1985 rejste jeg som missionær til Syvende dags Adventistkirken i Yaounde, hovedstad i Cameroun i Vestafrika. Jeg var ikke immun over for det kulturchok at bo og arbejde i en totalt anderledes kultur med andre vaner og skikke. Det var svært at håndtere et nyt arbejde, vænne sig til et anderledes klima og til at kommunikere på fransk. Det var alt sammen en stor udfordring. Mit største problem var dog, at jeg var kommet med en temmelig naiv og romantisk holdning til kirken i denne del af verden. Jeg var vant til materialismen i Vesteuropa, men jeg troede, at jeg vendte alt dette ryggen, da vort fly lettede i Amsterdam. Intet var fjernere fra sandheden. I Afrika sker der absolut intet, og det gælder også kirken, hvis ikke man betaler for det.

Det tog mig ikke lang tid at finde ud af, at hvis jeg ville have noget udført, så var jeg nødt til at give noget til gengæld [bestikkelse]. Jeg fandt også hurtigt ud af, at korruption hørte til dagens orden. En af embedsmændene ved kirkens hovedkvarter var involveret i en udbredt, men noget lurvet form for brugtvogns handel. En anden leder havde bedraget kirken for temmelig mange penge. Han blev ikke fyret, men forflyttet til en af kirkens skoler, hvor han skulle undervise i etik. (Dette er ikke noget, jeg finder på!).

Det var måske ikke så mærkeligt, at jeg på et tidspunkt følte mig noget nedtrykt. En eftermiddag skulle jeg et ærinde til byen og bestemte mig for at standse ved en kaffebar langs hovedgaden i Yaoundé. Da jeg havde sat mig ned med min kop *grand café noir*, kom en missionær fra et andet kirkesamfund hen til mig. Jeg havde truffet ham før, så jeg indbød ham til at sætte sig, så vi kunne snakke lidt sammen. Da han spurgte mig, hvordan det gik, benyttede jeg lejligheden til at dele mine bekymringer med ham, og jeg fortalte, hvor skuffet jeg var over noget af det, jeg havde fundet ud af i min kirke. Hans reaktion var temmelig overraskende. 'Åh', sagde han 'jeg har allerede været her i nogle år. Hvis du tror, at situationen i Adventistkirken er slem, så kan jeg fortælle dig, at det står meget værre til i mit kirkesamfund. Formanden i min kirke driver et bordel!' Jeg var glad for denne åbenhjertige kommentar. Nok havde min kirke sine fejl, men det var ikke den værste.

Jeg kunne fortælle flere sådanne skrækhistorier. Man kan ikke arbejde for kirken i mere end fyrre år og sidde til utallige bestyrelsesmøder uden at få brækfornemmelser. Jeg er ikke selv fuldkommen, men jeg har altid forsøgt at være ærlig og retskaffen. Jeg er bare nødt til at indrømme, at jeg fortryder nogle af de ukloge beslutninger, jeg har truffet, hvor jeg havde ansvaret. Det har været beslutninger, der nu og da har såret mennesker eller skadet kirkens omdømme. Jeg er også selv blevet såret gennem menighedsmedlemmers anklager og behandling. Jeg er blevet kaldt navne og er endda blevet dømt til at være en jesuitisk spion inden for Adventistkirken. (Hvis du tvivler på dette, så bare søg på internettet. Hvis jeg virkelig havde ønsket at være dette, ville jeg ikke have vidst, hvordan men blev rekrutteret til opgaven.)

Jeg er klar over, at mange 'troende i grænselandet' kan fortælle værre historier om, hvordan de er blevet behandlet af menigheder, institutioner eller andre menighedsmedlemmer. Det er historier, der får mig til at krumme tæer. Mange er blevet behandlet uretfærdigt eller har været udsat for ondskabsfuld sladder, skammelig diskriminering eller intolerance. De har mødt manglende respekt og ligegyldighed. Vi beskrev i kapitel to, hvordan menigheden ofte har fejlet, når det gjaldt menneskers forventninger – og vi antydede nogle af hovedårsagerne til, at mange mennesker har vendt al religion ryggen. I kapitel tre konkluderede vi, at Adventistkirken befinder sig i en krise af samme årsager, som gælder kristendommens generelle krise. Til trods for alt dette – og til trods for temmelig kedelige, personlige oplevelser, *så ønsker jeg at blive i min kirke*. I dette kapitel vil jeg udfordre alle 'i kirkens grænseland' til også at blive – eller at vende tilbage til den. Jeg tror, at det vil være det hele værd – selv om det er lettere sagt end gjort.

HAR VI BRUG FOR KIRKEN?

Ofte hører vi folk sige: 'Jeg tror på Gud, men jeg har ikke noget at bruge kirken til. Tro er et personligt forhold mellem Gud og mig. Jeg behøver ikke kirken for at holde forbindelsen til Gud'. Dette kan være sandt – til en vis grad. Jeg kender mennesker, der har holdt fast ved troen, selv om de har været helt isoleret fra andre. Jeg tænker på Meropi Gijka. Hun døde i 2001 – 97 år gammel. Jeg traf hende under et af mine mange besøg i Albanien, mens jeg arbejdede ved Adventistkirkens regionale hovedkontor. Den gang havde vi ansvaret for 38 lande, hvoraf Albanien var et. Jeg var faktisk med til at arrangere Meropi's deltagelse i generalkonferencen, der i 1995 blev afholdt i Utrecht.

Meropi havde hørt om adventismen gennem en amerikansk missionær, der en kort tid arbejdede i Albanien. Han blev for øvrigt sat i fængsel og døde der for sin tros skyld. Det var kort tid, før Albanien blev afskåret fra resten af verden og blev styret af Enver Hoxha, den grumme kommunist diktator, der forbød enhver religion i sit land. Selv det at eje en bibel kunne udsætte en person for døds fare. Meropi forblev en trofast troende i over 50 år, hvor hun i al hemmelighed læste i Bibelen, som hun skjulte omhyggeligt. Hun havde et stort ønske: at der ville komme et tidspunkt, hvor hun kunne blive døbt, og at der kunne etableres en kirke i Albanien, så hun kunne gå til gudstjeneste sammen med andre adventist troende. Mens hun ventede på, at det skulle ske, lagde hun omhyggeligt sin tiende ned i en blikdåse, som hun skjulte under sengen. Den første repræsentant for Adventistkirken, der besøgte landet efter Enver Hoxha's fald, fik blikdåsen overrakt. For mig er Meropi det uimodsigelige bevis på den kendsgerning, at man ikke behøver en kirke for at være troende. Alligevel mener jeg, at under normale omstændigheder hænger troen på Gud og medlemskab af et tros fællesskab sammen. Der er beviser nok for, at hvis man ikke tilhører et sådant fællesskab, leder det til en gradvis svækkelse af troen, eller til, at den forsvinder.

Hvis du tror på Gud og ønsker at have et høfligt forhold til ham, mener jeg, at der er mindst syv grunde til, at du skulle overveje det privilegium at være medlem af et trosfællesskab.

1. Vi er skabt som sociale væsener – skabt til at være sammen og at gøre noget sammen
I vor tid er der en stærk tendens til at gøre ting alene. Måske har du bemærket, hvor mange yngre mennesker, der i dag vælger at leve som single? Ud af Hollands sytten millioner indbyggere, er der 2,7 millioner, der lever alene. Og selv om vi bor sammen med nogen, gør vi mange ting alene. Bare tænk på de mange timer, som unge og yngre bruger foran computeren eller med deres smartphone. Vi lever i individualismens tid.

På den anden side kan de fleste lide at være sammen med andre. De deltager i offentlige begivenheder, nyder musikfestivaler eller fodboldkampe, hvor de er sammen med tusinder af andre mennesker. De ønsker også at have kontakt med andre gennem de sociale medier. Det er meget almindeligt at have et par hundrede venner på Facebook, og nogle har over tusinde. Kristne må forsøge at finde en balance. De har brug for tid alene for at pleje deres tro, men det er naturligt, at man søger efter andre, for hvem troen også betyder noget. Menigheden er med til kanalisere et sådant tros fællesskab.

2. Vi har brug for andres støtte
Det er en kendsgerning, at vi har brug for andres støtte i tilværelsen, ikke mindst når vi står over for store problemer eller udfordringer. Har du nogensinde prøvet at tabe dig – alene? Hvorfor slutter millioner rundt om i verden op om Vægtvogterne eller lignende grupper? Hvorfor er der så mange støttegrupper for mennesker, der har et fysisk handicap? Og hvorfor er der så mange patientforeninger? Folk finder støtte ved at søge sammen med andre, der er i en lignende situation, især hvis det handler om kriser? Det er, fordi vi alle sammen har brug for opmuntringer og støtte, og fordi vi bedre kan klare noget sammen. Alt bliver lettere, når vi hjælper hinanden. Før i tiden afholdt Adventistkirken mange fem-dages-planer, hvor folk kunne få hjælp til at bryde rygevanen. Man begyndte på disse aktiviteter, før

ret mange andre bekymrede sig om farerne ved tobaksrygning. Hvorfor blev disse en så stor succes? Det var fordi deltagernes personlige indsats blev støttet af en gruppe. Folk, der gerne ville holde op med at ryge, stod sammen.

For en del år siden deltog jeg i en march gennem Holland. Hvert år er der omkring 40.000 personer, der gør noget lignende og går 30, 40 eller 50 km om dagen, afhængig af deres alder. Jeg tilhørte 40 km gruppen. Til manges overraskelse klarede jeg 160 km med bravour – endda uden vabler. Jeg er helt sikker på, at jeg ikke kunne have klaret dette alene. Jeg ville sikkert have opgivet allerede på tredjedagen, om ikke før. Men jeg blev ved, fordi jeg var sammen med tre kolleger. Sammen nåede vi alle til mållinjen.

Jeg tror, at vi som en regel har brug for andre mennesker for at holde den gående åndeligt. Samtidig vil der være andre, der regner os for deres åndelige støtte. Som en forfatter har udtrykt det: 'Religion er en holdsport'.[1]

3. Vi supplerer hinanden
Alle vore lemmer har en særlig rolle. Da jeg var omkring 40, blev jeg en gang imellem beskyldt for at være lidt af en arbejdsnarkoman. Der var nok nogen sandhed i denne beskyldning. Hvis jeg endelig bekymrede mig om mit helbred, handlede det mest om mit hjerte. Folk sagde hele tiden til mig: 'Slap nu lidt af, ellers går det ud over dit hjerte'. Efterhånden har jeg opdaget, at jeg også har andre organer, bl.a. en galdeblære og en prostata kirtel, som kan give alvorlige problemer. Vi holder op med at fungere korrekt, hvis et af vore organer holder op med at fungere, som det skulle.

Sådan er det også med 'Kristi legeme'. Bibelen bruger en hel række forskellige billeder for at beskrive kirkens natur og funktion. Det, der taler om kirken som 'et legeme', er det, der tiltaler mig mest. Vi har alle – hvad enten vi befinder os i 'grænselandet' eller ej – visse gaver og talenter, og samtidig er der andre evner eller færdigheder, som den enkelte af os ikke har. Det betyder, at jeg aldrig med rette kan sige, at menigheden fungerer lige så godt uden mig. Sandheden er, at det kan den ikke.

Der er brug for os alle sammen, fordi vi supplerer hinanden. Det kan godt være, at dette ikke er nok til at holde os i menigheden eller til at få os til at vende tilbage, men det er da en tanke, der er værd at overveje.

4. Det skaber glæde og tilfredshed at gøre noget sammen
De fleste mennesker kan lide at fejre specielle anledninger sammen med andre – slægtninge, venner eller kolleger. Bryllupper, jubilæer, fødselsdage, skolejubilæer o.l. betyder noget for dem. Jeg kan altid godt lide at se fjernsyn fra årets sidste promenadekoncert i the Royal Albert Hall i London. Det gør et eller andet ved mig at se den energi og begejstring, der udfoldes, når det store publikum synger med på *Land of hope and glory – mother of the free*.

Du kan synge, når du er alene hjemme og på badeværelset, du kan bede alene, når du er på vej til arbejde, og du kan snakke med en ven på din mobiltelefon; men at synge sammen, bede sammen, at diskutere ting sammen, at nyde hinandens selskab og at trøste hinanden, når der sket sørgelige ting – dette giver alt sammen en ekstra dimension til vort liv som kristne. Menigheden er det sted, hvor alt dette kan opleves.

5. Nogle velsignelser kan kun opleves i kirken
Det er ikke alle kristne aktiviteter, der kræver andres selskab. Man kan læse i Bibelen hvor som helst og når som helst. man finder et ledigt øjeblik. Hvis du går ind for meditation, har du brug for stille ensomhed, men der er andre ting, der kun kan ske, når du er sammen med andre. Dåben er et godt eksempel på dette. Det er den offentlige tilkendegivelse af vor overgivelse til Jesus Kristus og på, at vi tror på ham. Den besegler vor beslutning om at have fuld tillid til Gud og bestræbelsen på at leve i overensstemmelse med kristne værdinormer. Dette er sandt nok, men i Ny Testamente er dåben også kædet sammen med at blive en del af et tros fællesskab. Apostlen Paulus sagde at ' vi er alle blevet døbt med én ånd til at være ét legeme' (1 Kor 12,13). Det er en erfaring, der har en dyb betydning for vort personlige liv, men på samme tid knytter det os til trosfæller i menigheden.

Et af de væsentlige elementer i den kristne gudstjeneste er nadveren, der ofte omtales som Herrens nadver. Den romersk katolske kirke og visse andre trossamfund taler om eukaristen eller messen. Synet på nadveren varierer meget. Nogle ser Herrens nadver som en slags gentagelse af Kristi offer, mens det for andre er noget helt symbolsk. De fleste protestanter – inklusive adventisterne – tror ikke, at der gemmer sig en magisk kraft i sakramenter som f.eks. nadveren. De fleste, der tager del i nadveren, vil dog sige, at de finder det meget meningsfyldt. Det kan godt være, at de ikke er i stand til nøjagtigt at beskrive, hvad det er, der gør et lille stykke brød og nogle dråber vin til noget helt specielt, men de føler på en eller anden måde, at det styrker og opmuntrer dem, og at det er et væsentligt element på deres tros rejse. Man kan naturligvis meditere over Kristi offer, mens man vandrer alene langs stranden. Man kan blive hjemme og læse evangeliets beretning om den sidste uge i Jesu liv eller lytte til Bach's Mattæuspassionen. Men det at være med ved Herrens bord er en af de største vel-signelser ved at tilhøre menigheden.

6. Vi har brug for menigheden, hvis vi skal vokse åndeligt
Hvis vi skal vokse fysisk, må vi spise sundt og rigtigt. Det samme gælder på det åndelige plan. Skal vi væk fra 'kirkens grænseland' kræver det noglen initiativer, som giver styrke, når de foretages kollektivt. Vi kan blive vakt, vokse åndeligt og håndtere vor tvivl, når vi hører Guds ord blive forkyndt, studerer Bibelen sammen og deltager i liturgiske momenter. Det er ofte blevet sagt, at prædikenen er en gammeldags kommunikationsform. Hvorfor skal en hel masse mennesker sidde stille og lytte til, hvad én mand/kvinde har at sige? Selv om taleren har forberedt sig godt og er veltalende, vil mange kirkegængere være upåvirket af prædikenen. Ikke desto mindre tror jeg, at prædikenen er mere end en 30 minutters enetale eller et foredrag om et religiøst emne. Når Guds ord bliver forkyndt i en gudstjeneste, får det talte ord en ekstra dimension. Gennem århundreder har kirkegængere følt, at Guds ord kommer til dem gennem prædikanten. Når man lytter til en prædiken, åbner man sig for troens sprog, og dette kan få stor betydning, hvis man kommer med åbent sind og hjerte.

7. Kristne har fået til opgave at forkynde evangeliet for verden
Det er sandt, at Gud er til, og hvis vi tror, at han har vist sin omsorg for os ved at give sin søn, Jesus Kristus, for os, er det væsentligt at for-

tælle denne 'gode nyhed' til andre. Bibelen kalder dette for at 'vidne'. Dette sker først og fremmest på to-mands hånd. Kristne troende skal modigt og overbevisende dele deres tro med mennesker omkring dem. Men missions-befalingen indbefatter mere end dette. Den kræver også en gruppe-indsats, hvor organisation, strategi, økonomi og bemanding spiller en rolle. Dette er en af hovedårsagerne til, at kirken eksisterer. Den skal så effektivt som muligt fortælle verden om alt det, som Gud gør for os. Ingen, der selv tror på evangeliets nyheder, kan overse dette væsentlige aspekt af at være troende.

HVOR FINDER JEG DEN MENIGHED, SOM JEG GERNE VIL TILHØRE?

Når du læser dette, siger du måske: 'Det går lidt for hurtigt for mig. Jeg kan godt indse tanken bag alt det, jeg har læst, og jeg vil ønske, at jeg kan finde en menighed, hvor jeg kan opleve alt det gode, der beskrives her'. Kendsgerningen er nemlig, at mange 'troende i kirkens grænseland' har problemer med den organiserede religion og ikke har særlig høje tanker om deres menighed. Dette har ført til en afstandtagen i forhold til menigheden og har skabt store udfordringer i de fleste kristne kirkesamfund. Adventistkirken er ingen undtagelse. Mange i 'kirkens grænseland' ville med glæde slutte sig til et fællesskab, hvor de virkelig følte, at de hørte til, og hvor de inderst inde kunne føle sig hjemme. Hvis bare de kunne finde et sted, som de for alvor kunne betragte som deres åndelige hjem.

Mange er blevet meget frustrerede over det, de har været udsat for i deres lokale menighed og over det, de ser og hører i deres kirkesamfund. De har fået nok af den snæversynethed, som de har mødt. De har ikke følt at livet og aktiviteterne i menigheden hjalp dem til at udvikle sig åndeligt. Meget af det, der foregår i menigheden, synes hult og irrelevant for dem. De har ikke følt glæde og tilfredsstillelse ved at være menighedsmedlemmer, og de har savnet den åndelige støtte, som blev omtalt ovenfor. Er det så værd at bruge tid og kræfter på at komme i kirken – især i Adventistkirken? Er der tilbud nok til at gøre det noget værd?

En del af svaret på disse spørgsmål er baseret på en korrekt opfattelse af, hvad kirken i virkeligheden er. Vi bruger ordet kirke på flere måder.

Det kan betyde religion i al almindelighed, når vi f.eks. taler om forholdet mellem kirke og stat. Det bruges også ofte om en bygning, en majestætisk katedral eller en lille landsbykirke – og alt ind imellem. Ordet kirke bliver også brugt i stedet for samfund. Katolikker, lutheranere, baptister og adventister taler alle om 'min kirke'. Der har det noget at gøre med en kirkelig organisation. Det er sådan, jeg bruger udtrykket, når jeg siger, at jeg håber kirken fortsat vil sende mig min månedlige pension. Udtrykket 'den usynlige kirke' kan henvise til alle kristne til alle tider. Men i de bibelske skrifter bruges ordet 'kirke' hovedsageligt om en gruppe troende i en bestemt by eller egn. I Ny Testamente henviser kirken f.eks. til kirken i rom, i Korinth, i Efesus eller i Galatien.

Dette har en væsentlig betydning. Selv om Ny Testamente tilkendegiver, at der findes bånd, som binder kirkerne på forskellige steder sammen, og at der skal være enhed og solidaritet mellem de enkelte kirker; og selv om vi ofte læser om rådslagninger de enkelte kirker imellem, *så var kirken først og fremmest den lokale menighed*. Jeg mener, at dette princip stadig er gældende. Jeg kan godt indse, at det er nødvendigt med nogle religiøse paraplyorganisationer, og at der skal strukturer og regler til. Dette må dog aldrig lede os til at tro, at disse højere organisationer er det mest væsentlige i kirken. Vi må gøre os klart, at Adventistkirken ikke er det samme som Generalkonferensen eller divisionens organisatoriske maskineri, og at den mest betydningsfulde samling af menighedsmedlemmer ikke foregår ved en verdenskongres, der afholdes hvert femte år. Den væsent-ligste byggesten i kirken er den lokale menighed, og den vigtigste samling i menigheden er gudstjenesten om sabbatten, hvor en gruppe troende mødes med deres Gud.

Det, der sker i kirkeorganisationen, har naturligvis betydning, men kan også give mange af os bekymringer. Dette skulle imidlertid ikke være vort største problem. Jeg må hele tiden minde mig selv om, at min kirke ligger ikke i Silver Spring, USA – og at min kirke ikke først og fremmest er en vidunderlig (dog ikke altid lige vidunderlig) international organisation. *Min kirke er først og fremmest min lokale menighed.*

Menighedens internationale eller nationale paraplyorganisation er ikke en af Gud fastlagt enhed. Vi læser ingen steder i Bibelen om en generalkonferens, eller om unioner og konferenser. Vi hører intet om valgkomiteer, menighedshåndbøger eller policies. Vi læser om apostle, pastorer og lærere, men ikke om formænd og afdelingsledere. Alle disse elementer i vores organisatoriske struktur er underordnet. De er menneskelige påfund. Adventisternes form for kirkeledelse er en kombination af elementer, som de første pionerer lånte fra de kirkesamfund, som de tidligere tilhørte. Disse blev gradvist udviklet, efterhånden som man så, hvad der ville være gavnligt for at holde de lokale menigheder knyttet sammen og for at hjælpe dem med deres mission. Tro ikke, at jeg ser ned på alle former for organisation, og at jeg gerne ville afskaffe de højere instanser, men det betyder, at jeg har forholdsvis let ved at slappe af, når jeg ser og hører noget, jeg er uenig i fra disse.

Jeg er medlem af min lokale menighed. Jeg er først og fremmest loyal overfor den forsamling, som jeg er en del af. Derfor må jeg spørge mig selv: Har jeg et meningsfyldt forhold til min lokale menighed? Er min lokale menighed et sted, hvor jeg kan tilbede Gud sammen med andre og føle mig åndeligt hjemme? Er der en atmosfære, hvor jeg kan trives åndeligt, følelsesmæssigt, socialt og intellektuelt? Er det en menighed, hvor jeg kan få lov at tænke selvstændigt, få lov til at give udtryk for min tvivl og være uenige med andre? Er det en menighed, hvor jeg kan bidrage med mine specifikke gaver og talenter?

HVAD, HVIS MIN MENIGHED IKKE LEVER OP TIL IDEALERNE?

Nogle mennesker er heldige. De finder en menighed, der passer til deres behov. Ikke alle er lige så heldige, og der opstår problemet for mange 'troende i grænselandet'. Mange er trætte af deres lokale menighed, fordi de oplever intolerance. De må ikke stille for mange spørgsmål og slet ikke give udtryk for tanker, der synes at være lidt i konflikt med den officielle tankegang inden for Adventistkirken. De kan ikke føre en åbenhjertig diskussion med ret mange, og de oplever ikke, at gudstjenesterne er relevante for deres daglige liv. De er blevet trætte af hele tiden at måtte nøjes med tanker fra det nittende århundrede og af at skulle kæmpe med læremæssige stridigheder. De kan ikke klare folk, der ved alt, fordi 'så siger Bibelen', og fordi disse nøjagtigt ved, hvordan Bibelen skal fortolkes. Man kan godt forstå, at folk har svært ved at overleve i sådan en menighed. Hvordan kan man forvente, at de skal søge tilbage til menigheden med al dens legalisme og fundamentalisme?

Vi er nødt til at indse, at der findes ingen kirke – ingen menighed – der er fuldkommen. Dette er ganske enkelt tilfældet, fordi den altid består af mennesker, der heller ikke er fuldkomne. (Når folk begynder at hævde fuldkommenhed, burde alle alarmer øjeblikkeligt lyde, for så vil der være vanskeligheder og intolerance i vente). Jeg læste forleden Pauli brev til Korintermenigheden endnu en gang. Denne gang slog det mig måske endnu stærkere end før, hvor godt det er at læse en bibelsk bog i sin helhed. Det tog mig kun to timer og var anstrengelserne værd.

Apostlen havde ganske mange ubehagelige ting at skrive til menighedsmedlemmerne i Korinth. Der var masser af problemer at tage fat på. Menigheden var meget splittet, og hver gruppe syntes at have sin egen yndlings leder (1,11.12). Men der var også andre problemer. Paulus havde hørt om umoral i menigheden – og det af en slags, som ikke engang fandt sted ude 'i verden', men var blevet helt almindelig blandt nogle af menighedens medlemmer (5,1). Når medlemmerne lå i indbyrdes stridigheder, trak de hinanden i retten (6,1). Og så var der i øvrigt alvorlige forstyrrelser under deres gudstjenester (11) og væsentlige afvigelser i forhold til kerneområder af den kristne tro. Nogle kristne i Korinth nægtede endda at tro på de dødes opstandelse (15,12).

Efter at have læst de seksten kapitler, måtte jeg indrømme, at så slemt ser det ikke ud i ret mange lokale menigheder, som jeg har kendskab til. Efter at have læst hele brevet til Guds menighed i Korinth, vendte jeg dog tilbage til kapitel 1, hvor vi læser: 'Jeg takker altid min Gud for jer, for den nåde, som han har givet jer i Kristus Jesus. For i ham er I blevet rige på alt, på al tale og på al kundskab, eftersom vidnesbyrdet om Kristus er blevet grundfæstet hos jer, så I ikke mangler nogen nådegave, mens I venter på, at vor Herre Jesus Kristus skal åbenbares. Han vil også grundfæste jer til det sidste, så I ikke kan anklages på vor Herre Jesu Kristi dag. Trofast er Gud, som kaldte jer til fællesskab med sin søn, Jesus Kristus, vor Herre' (1,4-9).

Til trods for alt det, der var galt, var folk i Korinth Kristi kirke, og Paulus var taknemmelig for både dem og de gaver, som Gud havde givet dem. Når vi læser det, ser det ud til, at vi har al mulig grund til at forblive positive og optimistiske i forhold til vores egen lokale menighed. Vi skal ikke opgive for hurtigt, selv når der sker ting, som vi har svært ved at acceptere. Det kan være, at de, der har vendt deres lokale menighed ryggen – eller er lige ved at gøre det – ikke har fokuseret nok på alt det gode, der kan findes i enhver lokal menighed. Selv i en menighed, hvor der befinder sig nogle yderliggående elementer med en legalistisk, fundamentalistisk dagsorden, er flertallet folk med en god og sund teologi. De er, som regel, bare mindre højrøstede end de få, der har 'sandheden'.

Vi må imidlertid også se den kendsgerning i øjnene, at vi heller ikke selv er hundrede procent fuldkomne. Vi er måske utålmodige og mangler den fornødne takt. Måske er vi blevet for vant til at stå på sidelinjen – at befinde os i grænselandet – uden selv at gøre en indsats for at bidrage til en sund og behagelig menighed. Det kunne også være, at vi en gang imellem forventer for meget af vores menighed, og at det er på tide, at vi gør en fælles anstrengelse for at overvinde vore frustrationer – uanset hvor gyldige de måtte være.

HVOR SKAL JEG SØGE HEN?

Jeg er klar over, at for mange lyder disse argumenter hule og ikke særligt overbevisende. De har forsøgt at være positive overfor deres menighed; de har været udsat for negative kommentarer, når de stillede spørgsmål; og de har siddet til gudstjeneste uden at føle sig åndeligt betjent. De kan bare ikke fortsætte.

Jeg går i kirke næsten hver uge. Ofte skal jeg selv prædike, men jeg har også anledning til at lytte. Når jeg en sjælden gang springer kirkegangen over, gør jeg det med blandede følelser. Det er da dejligt, efter en travl uge, at sætte sig med en god bog eller at tage en rask spadseretur;

men det giver ikke rigtig fornemmelsen af at have været til gudstjeneste sammen med andre. Dette gør min oplevelse af Sabbatten ufuldkommen. Selvfølgelig må jeg indrømme, at jeg nu og da kommer til lokale menigheder, der får mig til at undres. Hvis jeg boede et sådant sted, ville jeg så ønske at gå i kirke hver uge? Kunne jeg klare det uge efter uge – og måned efter måned? Jeg må indrømme, at jeg ind imellem føler sympati med folk, der har sagt: 'Nu kan det være nok'.

Før i tiden – og her taler jeg om mit eget land – var der ikke mange, som havde bil. Mange måtte gå til kirke eller var afhængig af deres cykel eller af offentlig transport. Det var i alt fald nemmest at søge den lokale menighed, hvordan den end var skruet sammen. I mange lande var folk vant til et sogne system. Det gælder f.eks. folkekirken, hvor man automatisk blev medlem af den lokale menighed. Det var næsten umuligt at blive overflyttet til et andet sogn. Dette system var en så integreret del af lokalsamfundet, at det samme skete, når nogen blev syvende dags adventister. I dag er det anderledes. Der er ikke så mange, der føler, at de behøver at vælge menighed, hvor de bor. Folk ser sig om efter en menighed, hvor de føler sig godt tilpas. Det kan endda være at overskride grænsen mellem forskellige kirkesamfund. De vælger ofte menighed på grund af dens miljø eller musik frem for dens bekendelse. Præstens evne til at prædike spiller også en rolle, eller menighedens børnetilbud. Selv parkeringsmulighederne spiller ind.

Jeg tror personligt, at normalt er det bedre at være medlem i en menighed, der ikke ligger for langt fra ens hjem. Det gør det lettere at deltage i aktiviteter, der ikke foregår om Sabbatten. Men at være medlem i en menighed, hvor man ikke kan ånde frit, og hvor man føler sig som en fremmed, kan godt være en for høj pris at betale for den geografiske nærhed. Nogle 'adventist troende i kirkens grænseland' vælger måske at gå i kirke om søndagen i stedet. (Eller man vælger både at gå i kirke i sin egen menighed om sabbatten og i en sognekirke om søndagen for at komme til en rigtig gudstjeneste. Der var én, som engang fortalte mig: 'Jeg går i kirke i min egen menighed om Sabbatten, for det er der jeg hører 'sandheden', men så går jeg i en anden kirke om søndagen for at opleve virkelig tilbedelse!) Jeg tror nok, jeg ville gå i kirke om søndagen, hvis der ikke var en sabbatsholdende menighed i nærheden – eller indenfor 100 km afstand. Det er fordi, jeg har et dybtfølt behov for at tilbede sammen med andre mennesker. For mig ville dette imidlertid være den sidste udvej, for jeg er i bund og grund syvende dags adventist, og jeg vil opfordre alle adventister 'i kirkens grænseland' til at finde sig en adventist menighed.

Hvis der er mulighed for at vælge, så undersøg mulighederne og find ud af, hvor du passer bedst ind – og hvor du bedst får opfyldt dine åndelige behov. Hvis dette betyder, at du må passere et par menigheder undervejs, er dette meget bedre, end at holde op med at gå i kirke i det hele taget. Når man tænker på, at de fleste familier i dag ejer en bil, og at der ofte findes flere adventistmenigheder indenfor rækkevidde, vil dette være en god løsning. Det kunne jo være, at der var en innovativ menighedsplantning eller en husmenighed, som var værd at stifte bekendtskab med.

DU ER MENIGHEDEN!

I det foregående kapitel opfordrede jeg alle jer, der befinder sig i 'kirkens grænseland' til ikke at opgive Gud. Du må tage vare på troen for at forblive et helt menneske. Det kan godt være, at du kæmper med tvivl og uvished, men prøv i det mindste at tro. Jeg har understreget, at troen er en gave og antydet, at for at tage imod den gave, må vi søge et miljø, hvor troens sprog tales, og hvor man kan forvente at troens gave tilbydes. Her opfordrer jeg dig til ikke at opgive menigheden.

Jeg ønsker ikke at opgive Syvende dags Adventistkirken, og jeg vil fortsat opfordre adventisttroende i 'kirkens grænseland' til at holde fast ved adventismen, selv når det kunne være fristende at forlade den. Jeg vil også opfordre dig til ikke at opgive dit medlemskab i en lokal menighed. Vi har alle sammen behov for at have fællesskab med andre; vi har behov for sabbatstilbedelsens hellige rutiner. Vi har behov for regelmæssigt at sidde ved Herrens bord. *Vi har behov for at høre til.*

Samtidig skal vi også tænke på, at *andre har brug for os.* De har brug for vores indflydelse. Folk, der tror, at de kender alle svarene, har brug for at høre vore spørgsmål. Sådanne, som stiller de samme spørgsmål som os, er glade for at finde ud af, at der også er andre, der kæmper med deres tro og deres menighed. Det kan til tider være vanskeligt for 'troende i grænselandet' at trives på en passende måde i en bestemt menighed, men en del af problemet kan være, at de ikke har haft held til at sætte deres egne fingeraftryk på deres menighed og har bidraget meget lidt eller intet til dens trivsel.

Hvis ikke du bidrager med noget i et fællesskab, så bliver du ved med at være eller forblive en fremmed. Hvis du derimod forsøger at give af dig selv med dine talenter og færdigheder, så bliver de engageret. Fællesskabet vil få gavn af det, du bringer, men du vil også gavne dig selv. De fleste troende har talenter og evner, som deres menighed har brug for. Det kan da godt være, at du ikke ønsker at påtage dig visse opgaver, fordi det ville skabe splittelse eller tvinge dig til at lægge bånd på dig selv. Men der vil altid findes områder, hvor du kan udøve en positiv, konstruktiv rolle uden at give køb på din egen integritet.

Nogle 'troende i kirkens grænseland' er holdt op med at bidrage økonomisk til deres menighed, og de tilhører ikke længere de 'trofaste tiendebetalere. Andre fortsætter med at give til kirken, men øremærker deres bidrag til specielle projekter eller institutioner, som f.eks. ADRA. De er villige til at give penge, men de har ikke længere lyst til at sende dem til hovedkvarteret i deres eget land. De vælger at støtte specifikke projekter, eller det, der udføres af folk, som de kender og sætter pris på. De har bare ikke lyst til at støtte kirkens organisatoriske system, og de har slet ikke noget ønske om, at pengene skal ende i Generalkonferensens kasse.

Jeg kan godt forstå deres tankegang. Jeg giver selv fortsat gennem systemet, selv om jeg er modstander af noget af det, som systemet står for. Det er imidlertid min personlige overbevisning, at jeg ikke kan tillade mig at kritisere 'et system' og arbejde for forandringer 'i systemet', hvis ikke jeg aktivt støtter og bidrager til dets drift. Og jeg finder det selvindlysende, at jeg skal bidrage til at holde en lokal menighed i gang, så længe jeg er tilknyttet denne.

Jeg vil gerne opfordre alle 'troende i kirkens grænseland' til fortsat at give til menigheden på en eller anden måde. Jeg vil ikke argumentere for, om Ny Testamente kræver af en troende, at han skal give nøjagtig ti procent af hans indtægt. Jeg tror ikke, der findes nogen afgjort befaling eller forskrift, der siger dette. Det er tydeligt, at NT siger, det er godt at give regelmæssigt og generøst, og at tiende systemet er nyttigt i så henseende. Hvis man holder op med at give økonomisk, er det en måde at klippe navlestrengen til ens menighed over. Hvis man på den anden side fortsætter med at give, selv om man har problemer med kirken – som samfund eller som lokal menighed – signalerer det et vist tilhørsforhold og er et tegn på medansvar for udviklingen i din kirke.

Når alt er sagt og gjort, så kan jeg sammenfatte min hensigt i nogle få punkter. Det kan godt være, at din kritik af din lokale menighed er helt legitim, og at din følelse af at stå udenfor er helt reel, men giv ikke op af den grund. Du har brug for menigheden, og den har brug for dig. Du må gøre alt, hvad du kan for at finde en menighed eller en gruppe, som kan give dig det, du leder efter. Men gør ikke for meget ud af det, for menigheder vil altid være et fællesskab af ufuldkomne mennesker. Og så er der en helt anden dimension. Lokale menigheder er også de steder, hvor troens gave fordeles. Kig derfor efter denne gave og bidrag til fællesskabets sundhed og vækst. Når du gør det, kan du måske langsomt men sikkert bevæge dig væk fra 'kirkens grænseland' og begynde at nyde et langt mere tilfredsstillende forhold til din menighed, dine trosfæller og med din Gud.

KAPITEL 8

Hvad er jeg nødt til at tro på?[1]

Mens vores søn gik i skole i en kristen børneskole i den hollandske by, hvor vi boede, hjalp min kone – som frivillig – eleverne til at få gode læsefærdigheder. Det er mere end fyrre år siden nu. Man var glad for hendes indsats, men der var et lille problem. Skolen blev drevet på et tydeligt calvinistisk grundlag, og man forlangte at alle lærere og frivillige skulle skrive under på, at de var enige i *The Three Forms of Unity*. Min kone havde aldrig hørt om disse 'tre former', så hun ville naturligvis ikke skrive under på noget, hun aldrig havde hørt om. I stedet begyndte hun at hjælpe til på byens offentlige skole.

Hvad handler disse *Three Forms of Unity* om? Det handler om nogle dokumenter, som hollandske calvinister i det sekstende og syttende århundrede godkendte som regler. Den bedst kendte af disse tre er *Heidelberger Katekismus*. En af dem handler om den strid, omkring den frie vilje, som rasede mellem den arminiske 'fri vilje' lejr og dem, der gik ind for den dobbelte prædestinationslære. Selv om skolens leder gav til kende, at det blot drejede sig om en formalitet, kunne min kone ikke lide den kendsgerning, at hun var forpligtiget til at give udtryk for sin accept af disse gamle dokumenter og den lære, som de giver udtryk for. Helt ind til vor tid hører disse dokumenter med til de såkaldte bekendelsesskrifter i Hollands protestantiske kirke. Betyder det så, at de fleste af dette kirkesamfunds medlemmer (og i øvrigt andre trossamfund i den calvinistiske tradition i Holland) ved, hvad disse dokumenter indeholder. Jeg er bange for, at de fleste af dem kun har en svag ide om dette. De allerfleste har heller ikke læst bare ét af dem. Mange debatter om visse aspekter i disse dokumenter har vist, at det er særdeles vanskeligt at ændre bare en enkelt sætning eller nogle få ord i dem. Sådan er resultatet, når en kirke antager en 'bekendelse'.

Det er i virkeligheden dette, som Adventistkirkens tidligste ledere tænkte på, når de gav udtryk for modstand mod at antage en eller anden formel trosbekendelse. De havde set i andre kirkesamfund, at sådanne dokumenter havde en tendens til at opnå samme autoritet som Bibelen, og de havde allerede oplevet, hvor svært det var at føre en åben debat om selv den mindste del af en sådan bekendelse. Alt var blevet sat på plads én gang for alle, og så måtte man holde fast ved det, de kloge mænd i fortiden havde besluttet. Adventisternes pionerer forkyndte derfor både tydeligt og stolt: *Vi har ingen anden trosbekendelse end Bibelen.*

Denne modvilje mod at udvikle en bekendelse forsvandt dog gradvist, og i dag har vi et dokument, der er kendt som Adventistkirkens 28 fundamentale læresætninger. Den er blevet til mere end en simpel opsumering af de mest væsentlige trospunkter for adventister. Sådan tror vi er blevet en lakmusprøve på ortodoksi. I virkeligheden forudsættes det, *sådan skal du tro, hvis du ønsker at være medlem af menigheden.*

Betyder dette, at alle syvende dags adventister mere eller mindre ved, hvad de 28 trospunkter drejer sig om? Langt fra. Jeg har en gang imellem gransket lidt i det og har fundet ud af, at de fleste hollandske adventister måske kan nævne op til tolv af disse læresætninger. Og lad os være ærlige, de fleste nydøbte medlemmer har ikke nogen klar forestilling om, hvad disse 28 punkter rummer. Situationen er sikkert ikke bedre i lande langt herfra. Jeg tror ikke, at de 30.000 medlemmer, der for ikke længe siden blev døbt efter en evangelisk kampagne i Zimbabwe eller de 100.000 mænd og kvinder, der blev døbt i Rwanda i maj 2016, kan nævne mere end en håndfuld af de fundamentale adventist trospunkter. Topembedsmænd fra kirken har været involveret i disse begivenheder og har takket Gud for den 'rige høst af sjæle'. Til andre tider har de samme ledere givet udtryk for, at du kan ikke regne dig for en god adventist, hvis du ikke helt kan tilslutte dig alle de fundamentale trospunkter. Det er vanskeligt at se, hvordan dette harmonerer.

Det skal ikke benægtes, at *Sådan tror vi* er et betydningsfuldt dokument. Vi må bare ikke tillægge det større betydning, end det fortjener. Trospunkterne må aldrig få samme sterile status som en trosbekendelse, der kan bruges som en checkliste til at afgøre, om en person er ortodoks nok. Dette harmonerer slet ikke med vores adventist tradition.

HAR VI BRUG FOR DOKTRINER?
Mange troende spørger: Har vi virkelig brug for læresætninger? Hvis vi har, hvad er det så for trospunkter, der er væsentlige, og hvilke er mindre væsentlige? I mange troendes tankegang forbindes trospunkter og dogmer med teologi og en rent intellektuel betragtning af religion. Hvorfor, er der mange, der spørger, er det ikke nok at have en enkel barnetro? Selv om tro og lære nu og da kan befinde sig i et spændingsforhold til hinanden, så er de ikke modsætninger, men står i nær forbindelse med hinanden og supplerer hinanden.

Doktriner – eller teologi – er et resultat af tro, men er samtidig med til at give næring til troen. Middelalderteologen Anselm fremsatte den kendte udtalelse at 'troen forsøger at forstå sig selv'. Denne søgen efter forståelse er ikke bare den enkeltes søgen efter sandhed, men den finder sted i forbindelse med et fællesskab. De troendes fællesskab ønsker naturligvis at finde frem til, hvad de tror og ønsker også at beskrive det på en eller anden systematisk måde. Fællesskabet ønsker at finde frem til troens implikationer – både når det gælder teori og praksis. De fleste kristne vil sige, at deres tro er baseret på Bibelen, men det er nok at forenkle det for meget, for det at læse og studere Bibelen foregår ikke i et vakuum, men altid i en historisk kontekst og i en særlig kulturel ramme.

Jeg synes måske, vi kan sammenligne læresætningers rolle i forhold til vor tro med grammatikkens rolle i forhold til sprog. Grammatik er ikke det samme som sprog, men grammatikken er med til at give sproget struktur. Derfor hjælper det os til at blive forstået, når vi forklarer andre mennesker, hvad vi tror. Jo bedre vi er til at bruge et sprog, jo bedre kan vi kommunikere vore ideer til andre. Dette gælder også læresætningernes rolle i forhold til tro. Vi er nødt til at have et grundlæggende kendskab til grammatikken i troens sprog, hvis vi skal blive forstået, når vi fortæller om det, vi tror.

Hvis vi tror på Gud – hvis vi har tillid til ham og ønsker at have forbindelse med ham – ønsker vi naturligvis også at vide mere om ham og hans forventninger til os. *Hvem* dimensionen (vi stoler på nogen) kommer altid først, men der skal også være et *hvad* og et *hvorledes* i forbindelse med vores religion, en dimension af at kende og at handle på den viden.

Læresætninger, siger man, er et forsøg på at oversætte sandhed til et menneskeligt sprog. Dette giver os mange begrænsninger, selv om vi anerkender Helligåndens medvirken til denne proces. Det vil altid være umuligt at forklare det guddommelige godt nok i menneskelige kategorier, ideer, symboler og sprog. Vi må aldrig miste den kendsgerning af syne. Med al respekt for menneskeligheden i vore læresætninger, så forbliver de dog væsentlige, når vi skal strukturere vores forsøg på at forklare vor tro.

HAR ALT LIGE STOR BETYDNING?

Det er ikke alt i livet, der betyder lige meget. Vi siger ofte: 'Det gælder først og fremmest om at være rask'. Sundhed betyder mere end social status, men heldigvis regner de fleste familie og venner for mere værd end alle materielle ting. Livet bliver meget kedeligt, hvis man ikke ser forskellen mellem det, der virkelig betyder noget og det, der har en lavere prioritet.

Det samme gælder i menigheden og i det åndelige liv. Organisationen spiller en vigtig rolle i Adventistkirkens funktion, men det er den lokale menighed, der er det væsentligste. Det er også af betydning at forstå de teologiske begreber, men en tæt forbindelse til Gud og en tro, som kan bære i dagligdagen, betyder mere. Derfor er det også i orden at spørge, om alle kristne doktriner betyder lige meget, og om alle vor kirkes fundamentale trospunkter i virkeligheden er fundamentale i lige høj grad.

Jeg hører ofte folk sige, at hvis noget er en del af Sandheden, så kan vi ikke hævde, at det ikke betyder så meget som noget andet. *Sandhed er Sandhed!* Hvem er vi, at vi kan tillade os at sige, at en bestemt sandhed ikke betyder så meget som et andet aspekt af sandheden? Men lad os bare være ærlige, det er ikke sådan tingene forholder sig. De fleste, måske i virkeligheden alle adventister, har en intuitiv fornemmelse for, hvad der definerer det at være adventist, mens andet ikke falder i den samme kategori. Jeg håber f.eks. at Sabbatten betyder mere for os end det, at vi ikke spiser svinekød.

Den 20. maj 2004 lagde Albert Mohler Jr, rektor ved the Southern Baptist Theological Seminary i Louisville, Kentucky, en artikel ud på sin hjemmeside, den hed: 'En opfordring til teologisk *triage* og åndelig modenhed'.[2] Ordet *triage* er et fransk udtryk, der egentlig betyder 'at sortere' og mest bruges inden for det medicinske område. I krigstid eller, hvis en katastrofe rammer, må det afgøres, hvem der først og fremmest kræver behandling. Det er ikke alle sår, der er livstruende, mens nogle kan være skæbnesvangre, hvis ikke de bliver behandlet med det samme. På samme måde, siger Mohler, må kristne beslutte sig for en 'teologisk prioritets skala', hvilket betyder, at de må rangere doktriner efter deres betydning. Han mener, at der er nogle teologiske emner, der befinder sig på topplan, nemlig sådanne som er centrale og væsentlige for den kristne tro. Hvis man benægter disse doktriner, er man ikke længere kristen. Så er der nogle emner, der har middel betydning. De er naturligvis væsentlige, men på en anden måde. De er med til at markere, at kristne tilhører et bestemt kirkesamfund. Hvis man benægter disse doktriner, vil det i bedste fald være vanskeligt at forblive i et bestemt samfund. Og for det tredje findes der teologiske emner, som selv medlemmer i den samme menighed kan være uenige om, uden at det går ud over deres medlemskab. Mohler går ind for, at en sådan 'triage' er vigtig, eftersom det vil hjælpe os at undgå stridigheder om emner, der hører til i den tredje klasse, som om det var emner, der hørte hjemme i topklassen. På den anden side sender det også et stærkt signal om, at man ikke må behandle emner i topklassen, som om de hørte til mellemlaget eller det tredje lag. Dette ser også ud til at have betydning for den måde, hvorpå et kirkeligt fællesskab forkynder sit budskab, ikke mindst når det gælder den vægt, der lægges på visse emner.

Mohler var ikke den første, der beskæftigede sig med dette, og han bliver heller ikke den sidste. Spørgsmål om, hvad der er væsentligt og bør have top prioritet falder på to måder: (1) Hvad tilhører kristendommens kerne? (2) Hvad er hovedpunkter for det samfund, som jeg tilhører? Hvis du spørger folk i forskellige kirkesamfund eller i forskellige menigheder inden for samme samfund, hvad de betragter som hovedpunkter i deres kirkes teologi, vil du få mange forskellige svar. Dette gælder også inden for Adventistkirken. Hvis man spørger menighedsmedlemmer, hvad der er hovedpunkter i adventisternes lære, vil man ikke få alle 28 trospunkter som svar, men de vil nævne nogle enkelte – og ikke altid de samme. Dette gælder også troende 'i kirkens grænseland'.

Et andet væsentligt element inden for dette område, er den kendsgerning, at læresætninger, inden for en bestemt religiøs tradition, aldrig er statiske. De forandrer sig hen ad vejen. Udviklingen af trospunkter, som nogen vil kalde det, er noget, der hele tiden foregår i den kristne kirke. Hvis du undres på, om dette er sandt, så skal du bare konsultere et teologisk bibliotek eller søge på internettet, og du vil opdage, at der er blevet skrevet tusindvis af bøger om den kristne læres historie, og om de forandringer og udviklinger, der har fundet sted. Der er forskellige teorier om, hvordan dette foregår[3], nogle mener, at senere læresætninger for det meste forklarer tidligere læresætninger, mens andre ser meget mere gennemgribende forandringer.

Siden adventisterne opstod, har de ændret tankegang på mange områder. Helt tilbage, da den lille gruppe troende havde oplevet den store skuffelse i 1844 (da Jesus, mod forventning, undlod at komme igen) var man overbevist om, at nådens dør var blevet lukket. Kristus havde forladt den himmelske helligdom, sagde de, og menneskers evige skæbne var afgjort. Disse 'lukkede dør' adventister – heriblandt

Ellen White – så ikke noget behov for at fortælle andre om deres tro, for det var jo nytteløst. Folk var enten frelst eller fortabt. Det varede imidlertid ikke længe, før de fleste tilhængere af 'den lukkede dør' skiftede opfattelse og begyndte at udvikle en interesse for mission. De var klar over, at også andre skulle advares om Jesu Kristi snare komme.

Eller for at nævne et andet eksempel: I adventismens første tid understregede man lydighed mod Guds ti bud så stærkt, at sandheden om frelse ved Guds nåde blev skjult under et tykt lag af legalisme. Jeg har tidligere nævnt den ændrede opfattelse af Treenigheden, og sådan kunne jeg nævne mange af de specifikke forudsigelser, der blev fremsat, når det gjaldt profetiernes opfyldelse, som f.eks, hvordan man opfattede slaget ved Harmageddon både under 1. og 2. Verdenskrig – o.s.v.[4]

Hvis man foretager en analyse af doktrinære ændringer i løbet af adventisternes historie, vil man finde ud af, at men begyndte med at ændre opfattelse på mange områder, men at efterhånden som samfundet blev mere og mere etableret, gjorde man ikke ret meget for at indføre nye trospunkter. I tidens løb har man dog indset nødvendigheden af, at ændre vægtlægningen i den læremæssige forkyndelse, - både for at genfinde balancen, men også for at understrege deres ægte kristne identitet. Selv denne ændring i opfattelse af væsentlighed er en ændring, der i tidens løb har fået stor betydning.[5]

Der ingen tvivl om, at man har ændret adventisternes trospunkter og også måden, hvorpå man forklarer disse i både skrift og tale. Disse ændringer har været gradvise og har sjældent taget en drejning, hvor man direkte fornægtede en overbevisning, som man allerede havde næret. George Knight, der er ekspert i adventisternes historie, hævder, 'at adventist teologiens historie viser en fortsat udvikling'.[6] Med andre ord, doktrinære forandringer er ikke noget, man bare forestiller sig, de har virkelig fundet sted.

En anden bemærkelsesværdig faktor hos adventistpionererne er opfattelsen af 'den nærværende sandhed' som noget dynamisk. Dette kommer til udtryk gennem en udtalelse af Ellen White fra 1892:

... Skal vi tage trospunkt efter trospunkt og forsøge at få Skriften til at understrege vore allerede etablerede opfattelser?... Vi må ikke anse længe nærede holdninger som ufejlbarlige... Vi har endnu meget at lære og meget, meget at aflære. Kun Gud og himlen er ufejlbarlige. De, der tror, de aldrig vil komme til at opgive et næret synspunkt eller aldrig at skifte mening, bliver skuffede.[7]

Senere samme år udtrykker hun sig meget på samme måde:

Der findes ingen undskyldning, for nogen som helst, for at mene, at der ikke kan findes yderligere sandhed, og at alle vore tolkninger af Skrifterne er fejlfrie. Den kendsgerning, at vi har fulgt visse trospunkter i årevis, er intet bevis for, at vore holdninger er ufejlbarlige. Tiden ændrer ikke fejl til sandhed, og sandheden har råd til at være fair. Ingen læresætning vil miste noget ved at blive nærmere undersøgt.[8]

Selv i dag har Adventistkirken (i alt fald teoretisk) en procedure for alvorligt at studere 'nyt lys', der måtte dukke op. Det er vigtigt at tænke på dette, når vi foreslår, at vore læremæssige holdninger, ikke alle har lige stor betydning. Dette kan hjælpe os til ikke at blive for bekymrede omkring faren ved relativisme og subjektivisme, så snart nogen begynder at stille spørgsmål i forbindelse med kernen af adventisternes lære eller at foreslå visse ændringer.

TROENS SØJLER

Det kan ikke nægtes, at adventister helt fra bevægelsens begyndelse har været overbevist om, at der var noget i deres budskab, som havde større betydning end andet. 1872 dokumentet med vore trospunkter oplyste læseren om, at hensigten var at understrege 'de mere betydningsfulde træk' ved troen.[9] Ellen White henviste ofte til 'sandhedens søjler' og til vor tros 'pejlemærker'. Selv om disse udtryk var temmelig flygtige, er det tydeligt, at hun ikke betragtede alle trospunkter som lige betydningsfulde.[10]

Den kendsgerning, at Ellen White og andre blandt de første adventist ledere mente, at de forskellige trospunkter havde forskellig betydning, var ikke baseret på en omhyggelig teologisk analyse, men dikteret af deres opfattelse af kirkens mission. De var overbeviste om, at de skulle forkynde sandheder, som havde været skjult af den religiøse tradition, men nu var blevet genopdaget. De levede og virkede i et miljø, hvor de med sikkerhed vidste, at de fleste mennesker bekendte sig til en konservativ protestantismes fundamentale, kristne lære. Dette forklarer, hvorfor man ikke gjorde mere ud af disse generelle trospunkter.

Idet man indså, at der var elementer i det kristne budskab, der var en del af den ortodokse kristne tradition og ikke måtte overses, så var der alligevel specielle læresætninger blandt adventister, som man især måtte understrege. Alt dette blev dog kun gradvist forstået, men det fremgår af Ellen Whites skrifter. Man bemærker, at efterhånden som hendes tanker modnedes, ændredes det, hun lagde vægt på, markant. Et citat fra 1893 er en god illustration af dette: 'Kristus og hans karakter og gerning, er midtpunktet og omfanget af all sandhed. Han er den kæde, hvortil alle sandhedens juveler er knyttet.[11] En sådan udtalelse ville have været utænkelig i de første år af hendes tjeneste.

Tanken om, at ikke alle 28 fundamentale trospunkter har lige stor vægt, synes at blive bekræftet af den kendsgerning, at dåbsløftet, som dåbskandidater forventes at bekræfte, kun indeholder en sammenfatning af 13 punkter. Og så er det interessant, at man også anerkender et meget kortere og alternativt løfte. Dette alternative løfte indeholder en henvisning til 'Bibelens lære som udtrykt i de fundamentale trospunkter', hvorimod der ikke synes at være brug for en sådan henvisning i det normale dåbsløfte, selv om dette ikke er så detaljeret som teksten i de 28 læresætninger.[12] Kan listen, som dåbskandidaterne siger ja til, betragtes som mere grundlæggende end de 28? *[Denne passage understreger, hvor forskelligt man håndterer dåb og optagelse af nye medlemmer på forskellige steder] [oversætters anmærkning].*

Menighedsmedlemmers mening om *Sådan tror vi* er meget forskellig. Man træffer menighedsmedlemmer, der agter dem virkelig højt og regner hvert punkt for næsten inspireret. Det er en holdning, der grænser til det, som jeg vil kalde for 'fundamentolatri'.[13] Men man møder også en udbredt følelse af, at de fundamentale trospunkter er lidt for detaljerede og på mystisk vis blander livsstils standard med troslære.[14] Det er ok at regne nogle trospunkter af større betydning end andre, men hvordan kan vi så komme ud over vore personlige præferencer, når vi forsøger at finde vores 'triage'? Kan vi fastslå nogle sunde kriterier, som kan bruges til at etablere et hierarki af trospunkter i adventisternes teologi?

Uanset hvilken model vi udvikler, forsyner Skriften os med en bærende kendsgerning. Det er Kristus selv, der fastslår denne. Vi læser i Joh 14,6, at *Kristus sagde om sig selv, at han er Sandheden*, hvilket betyder, at al sandhed må have sit udgangspunkt i ham. Hvert eneste trospunkt, der hævdes at være 'sandhed', må derfor have noget med Jesu Kristi person og gerning at gøre. *Kristus er centrum for og må danne grundlaget for et sandt kristent og fundamentalt trossystem.* Det er det, evangeliet – de gode nyheder – handler om. 'Det er en Guds kraft til frelse for enhver, der tror' (Rom 1,16). 'Der er ikke frelse i nogen anden' end Jesus Kristus (Ap G 4,12). Anerkendelse eller fornægtelse af denne fundamentale sandhed er afgørende for, om man tilhører Guds lejr eller ikke. Vi kan citere et andet udsagn fra Kristi egne læber, som bekræfter dette: 'Den, der tror på Sønnen, har evigt liv; den, der er ulydig mod Sønnen, skal ikke se livet, men Guds vrede bliver over ham' (Joh 3,36). Kendskabet til Jesus Kristus er af afgørende betydning, 'For når alt dette findes og vokser hos jer, kan I aldrig være uden flid og uden frugt i erkendelsen af vor Herre Jesus Kristus;' (2 Pet 1,8). Johannes bruger endnu stærkere vendinger, for han siger: 'Hvem er en løgner, om ikke den, der benægter, at Jesus er Kristus? Antikrist er den, der fornægter Faderen og Sønnen (1 Joh 2,22). George Knight understreger betydningen af dette skillepunkt, idet han siger at: 'et personligt forhold til Jesus og en forståelse af Kristi kors og andre centrale dele af frelsesplanen, øger et menneskes forståelse af doktriner'.[15] Når vi har indset dette, hvordan kommer vi så videre?

TO, TRE ELLER FIRE LAG?

Det første spørgsmål, som bogen Seventh-day Adventists Answer Questions on Doctrine stiller er; 'Hvilke trospunkter har syvende dags adventister fælles med andre kristne, og hvor adskiller de sig? Som svar bliver der peget på tre kategorier af trospunkter.

1. Trospunkter, som adventister har fælles med konservative kristne og de historiske protestantiske trosbekendelser.
2. Visse omstridte trospunkter, som vi deler med nogle, men ikke med alle konservative kristne.
3. Nogle få trospunkter, som vi er alene om.[16]

I alt nævnes 36 punkter i disse tre kategorier, hvilket minder os om Albert Mohler, som er omtalt tidligere i dette kapitel. Han nævner også tre forskellige lag doktriner. Andre forfattere foreslår noget lignende.[17]

Dette system kan måske hjælpe os til at klargøre, hvad der er specielt for det enkelte trossamfund, men det hjælper os ikke direkte til at afgøre, hvilke adventistdoktriner, der er mere fundamentale end andre. Woodrow Whidden kan måske hjælpe os til at tage det næste skridt.[18] Han antyder, at vi må skelne mellem læresætninger, der reflekterer den fælles ortodokse kristne arv og sådanne, som er specifikt 'adventistiske'. Whidden siger også, at der er adventist doktriner, der kan kaldes væsentlige: Sådanne elementer, som danner den 'nødvendige ramme for adventisternes teologiske tænkning'. Og så siger han endvidere, at der er nogle doktriner, som ikke er særlig væsentlige.[19] I modsætning til Whidden mener George Knight, at livsstils spørgsmål også på en eller anden måde hører hjemme i denne lagdeling af sandheden.[20]

Jeg kunne godt tænke mig at foreslå en model, hvor man kombinerer disse forskellige elementer. Det skal ikke betragtes som en endelig løsning på problemet, men det har hjulpet mig selv til at få lidt mere styr på spørgsmålet om, hvad der er meget, og hvad der er mindre væsentligt på min åndelige rejse. Grafisk ligner det et par cirkler, og jeg skal nævne nogle eksempler, der kunne passe ind i hver kategori.

I den første kategori ville jeg f.eks. placere: Gud som en Treenighed. Den treenige Gud som universets skaber og opretholder; frelse, evigt liv og dom gennem Jesus Kristus; Helligåndens aktive tilstedeværelse; Skrifternes inspiration; en åbenbaret moralkodeks; frelsesplanens hovedelementer; og kaldet til at forkynde evangeliet.

I den anden kategori findes en række adventist specialer, som Sabbatten, Kristi snare komme, dåb ved neddykning, betydningen af Herrens nadver, troen på Kristi ypperstepræstelige gerning, kristen forvaltning, tilstanden i døden og de åndelige gaver.

I den tredje kategori kommer, efter min opfattelse, sådan noget som adventisternes syn på tolkning af profetierne, tiende, kostvaner, tidsaspektet omkring Kristi ypperstepræstelige gerning (1844), og muligvis fodtvætning.

I den fjerde cirkel ville jeg nok placere visse profetiske fortolkninger, stridspunkter omkring Ellen Whites inspiration, den altid igangværende diskussion om, hvad man må og ikke må på sabbatsdagen, gudstjenesteformer, brugen af smykker etc.

Se nedenstående illustration.

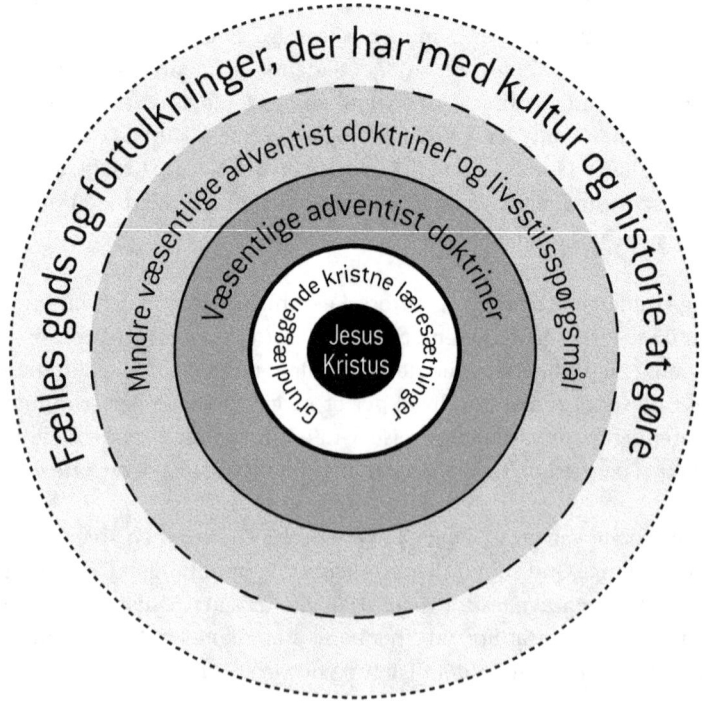

Jeg er godt klar over, at der vil være mange adventister, som ikke vil være glade for en sådan model. Nogen vil sikkert gå helt imod den – eller reagere endnu stærkere. Jeg er især klar over, at det næsten kan være hasarderet at foreslå eksempler til hver kategori, når man tænker på min rolle i kirken. Men jeg tror også, at mange menighedsmedlemmer vil byde en sådan overvejelse velkommen, fordi de længes efter en seriøs debat om, hvad der virkelig betyder noget i adventismen, og hvad der er mindre væsentligt.

ENKELTE IMPLIKATIONER

Når man overvejer en rangfordeling af vore trospunkter, er der nogle få ting, som vi skal huske. Først og fremmest vil jeg igen understrege, at enhver læresætning bør udspringe fra Jesus Kristus. Læremæssig sandhed bliver først Sandhed, når den har noget med Jesu person og gerning at gøre.

For det andet kan man ikke altid skelne klart mellem de forskellige kategorier. Derfor har jeg benyttet mig af stiplede linjer. Det store spørgsmål er, om vi kan pege på nogle få nøglepunkter, som helt sikkert tilhører hver kategori? 'Troende i kirkens grænseland' søger efter et overbevisende svar på dette spørgsmål, og jeg mener, at hvis der findes sådanne trospunkter, så bør de være at finde i de første to kategorier.

For det tredje har jeg med vilje skelnet mellem de grundlæggende kristne doktriner og væsentlige adventist doktriner, selv om de på mange måder er beslægtede. Det hjælper f.eks. ikke noget at sammenligne sabbattens betydning med læren om Treenigheden for at finde ud af, hvilken af de to, der betyder mest. Det ville være ligesom at sammenligne æbler med pærer. Syvende dags adventisters identitet kræver afgjort, at man bekender sig til begge doktrinære kategorier. Den kendsgerning, at vi først og fremmest er kristne, der også har valgt at blive adventister, gør os til adventist kristne.[21] Det at vi først og fremmest bygger på kristne grundelementer, er en stadig påmindelse om, at vi ikke længere kan tage for givet, at folk kender disse på forhånd, når de begynder at overveje adventisternes version af kristendommen.

For det fjerde betyder betegnelsen 'mindre væsentlig' nøjagtigt, hvad den siger. Den må ikke tolkes som uden betydning. Jeg skal indrømme at ethvert forsøg på at klassificere doktriner er et subjektivt foretagende. Der kan forekomme fejltagelser, men det er ikke helt subjektivt og ikke nødvendigvis den sikre vej til at undgå katastrofer. Der er hjælp at hente gennem det inspirerede ord og gennem den levende Ånd. Desuden skal vi bare huske, at så længe vi er uperfekte mennesker, så vil al teologisk handling forblive subjektiv og derfor risikabel. Dette er dog ikke noget, vi skal indse som for risikabelt og vejen til en farlig glidebane. Hvis vi bruger det som undskyldning, er det snarere et tegn på svaghed end på principfasthed og klare tanker.

For det femte tog det adventister mere end hundrede år at nå frem til nuværende samling af *Fundamental Beliefs*. Troslære udvikler sig kun langsomt. Derfor kan det ikke forventes, at man når frem til enighed om, hvad der udgør kernen i adventtroen i al hast. Det kræver tålmodighed – og tolerance. For det sjette er jeg stærkt overbevist om, at når en fremtidig revision af *Fundamental Beliefs* skal finde sted, skal man ikke udvide dokumentet eller gøre det mere detaljeret. Man bør hellere gøre det kortere. Jeg ville byde en ny tekst velkommen, hvis den blev begrænset til doktriner, der grundlæggende er kristne og væsentlige for adventister. I den forbindelse er det værd at citere Robert Greer:

> *Doktrinære udtalelser… må ikke være for omfattende. Når en doktrinær udtalelse bliver for omfattende, er der fare for, at den bliver vildledende, fordi den begrænser videre tænkning på området. For nogle ville dette virke tiltrækkende og være en trøst, for så eliminerer man jo behovet for at tænke kritisk, og lukker munden på Helligånden, som måske har lyst til igen at pege på noget i Skrifterne – til enkeltpersoner eller til menigheder. Det er med til at fremme en triumfering, der spærrer for i stedet for at opmuntre til teologiske samtaler på tværs af samfundsmæssige eller kirkelige grænser.*[22]

LIBERAL ELLER KONSERVATIV?

Det er temmelig sikkert, at betegnelsen 'liberalisme' og 'konservatisme' vil dukke op, når vi taler om at fastslå betydningen af specielle trospunkter. Lignende betegnelser lyder endda værre, når der tales om 'venstrefløj' og 'højrefløj'. Gid vi helt kunne undgå sådanne betegnelser, for de er ikke særlig præcise og er som regel ladet med forudfattede meninger og fordømmelser. Betegnelsen 'liberal' har ødelagt fremtidsudsigterne meget for pastorer og teologilærere – eller det der er værre. På den anden side har det at være kendt som 'konservativ' også lukket nogle døre for andre. Nogle protesterer, hvis de kaldes 'liberale', mens andre er stolte af at blive dømt ude på 'venstrefløjen'. Nogle studerende, der sigter på at blive præst, vælger med omhu et college eller universitet med teologiske professorer, der kendt for at være konservative, mens det for andre ville være årsag til at undgå en sådan skole.

Når Bibelen taler om vort forhold til andre, står det i direkte modsætning til den uheldige polarisering mellem liberale og konservative. Vi skal elske vor næste som os selv – for den konservative kristne betyder det, at han skal elske sin liberale trosfælle, og for dem, der befinder sig på kirkens 'venstrefløj' gælder næstekærligheden også dem på kirkens 'højrefløj'. Uheldigvis finder liberale og konservative ofte, at det er svært at forholde sig til hinanden på en behagelig og konstruktiv måde, og de lytter ikke ret meget til hinanden. I mange tilfælde går det heller ikke op for folk, at billedet sædvanligvis ikke er helt så enkel, som de forestiller sig, for folk er sjældent helt liberale eller helt konservative. De kan være liberale på nogle områder, men overraskende konservative, når det gælder meget andet. Vi kan komme ud for mennesker, der er meget liberale, når det gælder teologi, men temmelig konservative i deres livsstil – og omvendt. Jeg har talt med adskillige unge mænd, der ivrigt forsvarer den traditionelle adventisme, når det gælder trospunkter, men samtidig fortæller mig, at de nyder at dele bord og seng med deres veninde.

Alden Thompson, der er teologiprofessor ved Walla Walla University, peger på tre forskellige 'variationer', når det gælder liberale og konservative. Dette forklarer måske ikke alt, men det siger mig alligevel en del. Liberale, hævder Thompson, *elsker spørgsmål, mens konservative ønsker svar.* Når det kommer til livsstil, kan man sige, at de konservative elsker bjergenes stilhed, mens liberale søger til byen for at være sammen med mennesker. Konservative oplever Gud som en stærk ledsager, mens Gud for de liberale synes at være en mere fjern realitet.[23]

Fritz Guy, en anden adventist vismand, forsøger at sammenfatte sin opfattelse af konservatisme og liberalisme i disse ord: *Konservative er først og fremmest optaget af at pleje de sandheder, som vi allerede har, og som vi i nogen grad har fattet tillid til; mens de liberale på den anden side er på jagt efter nye sandheder, eller nye fortolkninger af gamle sandheder.*[24] Hvis dette er den rette definition for en liberal, vil jeg med stolthed kaldes sådan og betragte det som en ærestitel. Man kan måske også argumentere for, at udtrykket 'progressiv' er at foretrække frem for 'liberal'. Professor Guy antyder, at de fleste af os i virkeligheden er 'liberale' eller 'konservative', men at vi kunne blive 'progressive', hvis bare vi lærte lidt af hinanden, lyttede til hinanden med større opmærksomhed og forsøgte at vokse sammen.[25]

FUNDAMENTALISME

Der er nok et andet ord, der er lige så væsentligt, når vi taler om mangfoldigheden inden for læremæssige meninger, nemlig *fundamentalisme* i modsætning til *relativisme*. Den kristne tro bliver meningsløs, hvis vi går ind for fuldstændig relativisme, hvor intet er sikkert, og hvor ingen værdinormer eller idealer kræver vores fulde opbakning. Som vi tidligere har hævdet, har vi ingen faste beviser for eksistensen af den Gud, som vi møder i Bibelen, og som yderligere har åbenbaret sig selv i Jesus Kristus. Vi har imidlertid tilkendegivelser nok til at foretage 'springet' i tro og til at acceptere troens implikationer. Vi omtalte også fundamentalismens negative aspekter. Her vil vi bare endnu en gang understrege disse, fordi konservative adventister har en tendens til at flirte med fundamentalismen.

Både den religiøse og den sekulære fundamentalisme er mere inspireret af tvivl end af tillid, mere af frygt end af stille tro og overbevisning.[26] Denne udtalelse stammer fra Davison Hunter (f. 1955), der er en fremtrædende amerikansk sociolog, som var med til at gøre udtrykket 'kulturelle krige' populært. Hunter hævder, at fundamentalismen for det meste er negativ. *Den fornægter alt, hvad den anser for farligt og reagerer mest over for trusler.*[27] 'For fundamentalisten er det meget lettere at finde fjendebilleder uden for traditionen end at søge svar indenfor… Den har ikke nogen konstruktive forslag til løsning af de problemer, som bekymrer flest mennesker i hverdagslivet, og den har ingen løsningsforslag til pluralismens og forandringernes problemer. Tværtimod synes det modsatte at være tilfældet'.[28]

Dette er værd at huske, når vi tænker på den aktuelle debat inden for Adventistkirken. Traditionalisterne (eller fundamentalister, konservative, 'højre-drejede', eller hvad du kalder dem), der altid synes reaktionære, og som altid synes at advare imod de farer de ser eller forestiller sig. De bryder sig ikke om for mange spørgsmål, slet ikke fra 'troende i kirkens grænseland'. De synes allerede at kende alle svarene.

HVEM ER 'RIGTIGE' ADVENTISTER?

Det officielle svar på spørgsmålet om, hvem der kan regnes for rigtige adventister, vil sikkert være: Sådanne som kan tilslutte sig alle 28 fundamentale trospunkter. Men hvis dette svar er korrekt, vil det udelukke de fleste, hvis ikke alle, 'troende i grænselandet'. Og hvis det gælder tilslutning til alle detaljer i den udformning, som de har i øjeblikket, så må jeg sige, at jeg ikke er en 'rigtig' adventist. Burde det give mig søvnløse nætter? Bestemt ikke.

Jeg behøver ikke at bekymre mig alt for meget om mit medlemskab i Adventistkirken (i alt fald ikke så længe jeg ikke viser homoseksuelle tendenser). Hvis Generalkonferensens ledelse konkluderer, at jeg har for mange kætterske ideer til at kunne regne mig selv for ægte adventist, eller hvis ledelsen i den hollandske union har alvorlige problemer med det, jeg siger eller skriver, kan de bede mig om at ændre holdning, eller de kan lade være med længere at opfordre mig til at prædike og undervise. De kan nægte at anbefale eller reklamere for fremtidige skriverier. De kan bestemme sig for at bede for mig eller vride hænderne i desperation. De kan gøre alt dette, men de kan ikke røre ved mit medlemskab af kirken.

Det er kun min lokale menighed, der kan optage mig som medlem eller smide mig ud igen. Det ser ikke ud til, at de vil tage mit medlemskab op til overvejelse foreløbig, medmindre jeg pludselig begynder at optræde umoralsk eller provokerende. Troende i 'grænselandet' kan derfor slappe af så længe deres lokale menighed er tilfredse med, at dit navn står i menighedsprotokollen. De bliver betragtet som *bona fide* – ægte medlemmer. Der ud over, tøver de fleste lokale menigheder med at afskære forbindelsen til folk, der selv har tilkendegivet, at de ønsker at være medlemmer. Det viser sig endda i nogle tilfælde at være temmelig svært at blive streget fra menighedsprotokollen.

Vi skal dog ikke bare betragte dette fra et administrativt synspunkt, for medlemskab af en kirke drejer sig jo ikke bare om at være opført på en liste. Det er ikke alle, der bør stå på en sådan liste. Hvis man vil betegnes som kristen, mener jeg, at man bør bekræfte sin tro på en række grundlæggende kristne principper. Jeg synes, at en person mister retten til at kalde sig en kristen, hvis han ikke længere tror på Gud og på Jesus Kristus, som faktorer, der spiller en afgjort rolle i forholdet mellem Gud og mennesker. Jeg tror også, at jeg må have nogle adventist holdninger til fælles med mine trosfæller, hvis jeg vil kalde mig selv syvende dags adventist. Her gælder det bare om at gøre sig klart, hvad der virkelig er 'væsentligt' og 'mindre væsentligt' blandt vore trospunkter.

Om jeg er en rigtig adventist, er i sidste ende noget, jeg selv afgør. Jeg må selv beslutte, om jeg kan bekræfte det grundlæggende i kristendommen, og om jeg er enig nok i adventisternes tolkning af den kristne tro og med adventisternes kirkelige fællesskab til, at jeg vil regne mig selv for 'ægte' adventist. På den baggrund finder jeg ikke selv nogen problemer i at regne mig for 'rigtig' adventist. Jeg tror, at det forholder sig på samme måde for de fleste af mine trosfæller også dem, der befinder sig i kirkens grænseland.

Jeg er helt enig med professor Fritz Guy – teologen, som jeg tidligere har nævnt – når han nævner nogle få aspekter ved en autentisk adventisme.[29] Øverst på listen nævner han det 'at have en åben indstilling overfor den nærværende sandhed. Dette betyder, at en ægte adventist aldrig tror at have hele sandheden. På samme måde, som de første meningsdannere blandt adventisterne, bør man være villig til at ændre synspunkt, når det er nødvendigt, hvis man fortsat skal lære og vokse i forståelse af, hvad det betyder at være en adventist kristen i den aktuelle situation (og ikke, som det var i det nittende århundrede).

Vi er rigtige adventister, siger Guy, når vi har 'guds omfattende og universelle kærlighed som centrum for vores personlige tilværelse'. For at være værdig til at bære navnet syvende dags adventist må vi værdsætte 'sabbattens betydning for nutidsmennesker', og eje 'et forventningsfuldt håb om at Gud igen viser sig gennem Jesus – Messias'. To andre væsentlige elementer er 'tanken om en multidimensional menneskelig helhed' og 'valget af adventist miljøet, som et åndeligt hjem, og en tilegnelse af adventisthistorien som en del af ens åndelige identitet'.

Mange troende 'i kirkens grænseland' vil kunne føle sig tilpas med Guy's beskrivelse af en ægte adventist. Jeg vil selv betragte enhver, der passer til Guy's beskrivelse, som en rigtig adventist, uanset hvor mange spørgsmål, han stiller. Og jeg vil opfordre mig selv, og enhver, der har læst dette kapitel, til flg.: *Lad os vove at være og forblive en del af adventisternes trosfællesskab, men samtidig blive ved at tænke selvstændigt og aldrig risikere at miste vor personlige integritet.*

KAPITEL 9

Hvordan klarer man sin tvivl?

I dette sidste kapitel skal jeg forsøge at sammenfatte det hele. Vi begyndte med at give et overblik over den kristne kirkes situation i den vestlige verden. Vi konstaterede, at kirken befinder sig i en krisesituation, og at millioner af mænd og kvinder i Vesten forholder sig kritiske til deres tro. Mange tvivler endda på, at der findes en almægtig og kærlig Gud. For en hel del af disse påvirker denne tvivl flere andre forhold. De har fundet ud af, at nogle af kirkens traditionelle holdninger ikke længere giver genklang i deres sind.

Siden fokuserede vi på Syvende dags Adventistkirken. Vi bemærkede, at mange medlemmer har forladt kirken, og at mange andre er lige ved at gøre det. De oplever tendenser i deres menighed, som de ikke kan leve med, og de spørger sig selv, om nogle af menighedens traditionelle holdninger har relevans for deres dagligdag. Jeg har henvist til denne store gruppe, som er utilfredse med deres menighed, og som tvivler på, hvad de tror – og har kaldt dem 'troende i kirkens grænseland'.

I senere kapitler har jeg forsøgt at opmuntre de af jer, der befinder sig her, til at foretage et trosskridt. Jeg har givet udtryk for min personlige overbevisning om, at selv om vi ikke har absolut bevis for, at Gud er til og har omsorg for os, så har vi grunde nok til at vove skridtet. Jeg har forsøgt at opmuntre dig til ikke at opgive menigheden, men at koncentrere dig om den lokale menighed, hvor du kan være dig selv. Bliv i den eller vend tilbage til den. Jeg har også foreslået måder, hvorpå du kan håndtere tvivl omkring lærepunkter. Jeg har antydet, at hvis du ønsker at være en 'rigtig' adventist, behøver du ikke slavisk at sige ja og amen til alle fundamentale trospunkter. Jeg er godt klar over, at dette synspunkt vil blive mødt med stærk kritik fra mange kirkeledere, såvel som masser af medlemmer, men jeg er overbevist om, at det vil skabe frirum i hjerte og sind hos mange 'troende i kirkens grænseland', der føler at de kvæles af den snæverhed, som nogle af de traditionelle trospunkter udtrykkes på. Disse giver ikke længere mening i deres daglige tilværelse.

Her tager vi så tråden op og fortsætter. Vi kommer ikke til at behandle detaljerne i enkelte trospunkter, men vil overveje lidt mere generelle metoder, der kan hjælpe med at håndtere tvivl og uvished. Jeg er ikke naiv, og jeg tror ikke at al tvivl pludselig vil forsvinde, hvis vi bare læser mere i Bibelen og beder mere intenst end før. Dette betyder dog ikke, at disse to aspekter ikke er væsentlige. Det er de. De er faktisk af største betydning, når vi skal forsøge at behandle vores tvivl konstruktivt.

EN ÅNDELIG METODE
Hvis vi er i tvivl om, hvilken type bil og hvilken farve vi vil købe, eller om vi vil følge eller tage afstand fra en bestemt strategi, når vi driver en forretning, så kan der være både irrationelle og følelsesmæssige faktorer indblandet. Den form for tvivl kan imidlertid de fleste gange håndteres ved hjælp af rationelle argumenter. Hvilken størrelse bil har jeg råd til? Hvilken farve synes jeg bedst om, eller hvilken ville min ægtefælle vælge? Hvad med sikkerhedshensyn? Er det klogt af mig at optage et større lån for at udvide mit firma, eller vil det være for risikabelt, når vi tænker på det vaklende, økonomiske klima og den stærke konkurrence på området?

Når det gælder tvivl på det åndelige område, kan vi ikke bare sætte hjernen i frigear og følge vore følelser og intuitioner. Disse spiller en væsentlig rolle, men vi klarer os bedst, hvis vi tillader Ånden at øve sin påvirkning på os. Jeg tror, at vi bedst kan håndtere vores tvivl, hvis vi benytter: (1) læsning, (2) tænkning, (3) bøn, (4) samtale med andre og (5) tålmodighed.

Hvis vi vælger disse trin, må vi begynde med det, vi kaldte et skridt i tro. Det lyder måske naivt, men der er ingen anden mulighed. Vi skal være villige til at lade os drage ind i troens sfære. 'Vi må forsøge at tro', som Nathan Brown skrev i sin lille bog med samme titel. Hvis jeg har et alvorligt sundhedsproblem, som jeg længe har søgt efter den rigtige løsning på, kunne jeg finde på at foretage det næste skridt i tro og søge hjælp hos en alternativ behandler. Jeg ville nok også tage den medicin, som han anbefalede, selv om jeg ikke var sikker på, at den ville hjælpe. Dette er ikke nogen god sammenligning, men jeg tror, den kan fortælle os noget. Det kan godt betale sig at prøve alt, hvis vi har problemer. Derfor: læs i Bibelen, bed, gå i kirke – selv om du ikke er sikker på, at det hjælper dig til at finde svar på dine spørgsmål – og måske heller ikke giver den indre fred og vished, som du leder efter.

BIBELLÆSNING

Adventister kan lide at tale om (endda prale af) at studere Bibelen. Nye medlemmer gennemgår normalt en række bibelstudier for at blive kendt med 'sandheden'. Vi har vore ugentlige bibelstudier i sabbatsskolen. De første adventister lånte søndagsskoletanken fra andre kirkesamfund og tilpassede den hen ad vejen til vore specielle behov. Sabbatsskolen har helt bestemt hjulpet til at styrke bibelkundskab inden for Adventistkirken, men flere og flere adventister begynder at indse, at den form for bibelstudier ikke er nok. De fleste af vore studiehefter er emnerelaterede og altid opdelt i 13 lektioner. Forfatteren til det enkelte kvartals studier udvælger en række bibeltekster, som han synes siger noget om det aktuelle emne, finder nogle citater, der passer til og tilføjer enkelte yderligere forklarende kommentarer. Meget ofte kædes bibelteksterne sammen uden hensyntagen til den sammenhæng, hvorfra de er hentet. Selv når man i et kvartal studerer en af Bibelens bøger, tages der meget lidt hensyn til bogens baggrund, dens kontekst og specielle teologi.

Jeg er kommet til den konklusion, at vi måske skulle holde op med at studere Bibelen, og i stedet begynde at læse den – en historie, som vi ønsker at kende fra begyndelse til slutning. Når vi læser en roman og nyder handlingen, vælger vi jo ikke et afsnit hist og pist og i tilfældig rækkefølge. Når vi læser en bog, ønsker vi at finde ud af hele handlingsforløbet og er ivrige efter at nå frem til slutningen. Dette gælder i virkeligheden også Bibelen. Det er historien om Gud og hans handlinger med os og med verden. Det vil være godt at læse den fra ende til anden. Vi kan måske springe nogle få sider over (f.eks. de lange slægtsregistre). Det kan vi jo også finde på at gøre med andre bøger, men vi er nødt til at følge den røde tråd. Det samme gælder for de enkelte dele i Bibelen, som vi normalt omtaler som 'Bibelens bøger'. Vi får først det fulde udbytte ud af vores læsning, når vi læser disse dele i deres helhed. Nogle af dem er så korte, at man let kan læse dem i samme omgang.

Hvis vi bruger denne metode, vil vi muligvis finde ud af, at visse velkendte tekster i virkeligheden ikke siger, hvad vi altid har troet, at de sagde. Når vi læser en tekst, der er revet ud af sin sammenhæng, kan vi risikere at komme til en konklusion, der ikke er den samme, som hvis vi læser teksten i dens sammenhæng. Selv om vi ikke forstår så mange af de ting, vi støder på, så høster vi stadig gavn af vores læsning, fordi vi fanger Bibelens overordnede budskab – eller en del deraf. Det kan godt være gavnligt at læse bøger om Bibelen, som f.eks. en god kommentar, men det kan ikke erstatte, at vi læser selve Bibelen. Uheldigvis er der mange kristne, der læser mere om Bibelen end i Bibelen.

OM AT TÆLLE KARTOFLER

Bibelen indeholder mange usædvanlige historier, men vi bør ikke undre os alt for meget over dette. Måske kan vi bare forvente dette af beretninger, der skulle viderebringes 'levende og sandfærdigt fra slægt til slægt'.[1] Når vi læser, 'danner vi os et indtryk af en større historie bag de mange mindre historier'.[2] Nathan Brown, som jeg netop har citeret, udfordrer 'troende i grænselandet' til ikke at fokusere for meget på de bibelske beretningers historik – spørgsmålet om Bibelens begivenheder virkelig fandt sted, som beskrevet eller ikke. Han foreslår, at vi for en tid skubber vores vantro i baggrunden, og tager de bibelske beretninger til os på samme måde, som vi ville med en god roman eller film. 'Lad dig ikke distrahere af argumenter og diskussioner om historierne passer eller ej, om de kan bevises, og om den moderne videnskab kan acceptere dem. Begynd i stedet at læse dem, opdag den godhed, skønhed, visdom og sandhed de har i sig selv som historier.[3]

Syvende dags adventister er blevet fortalt, hvor betydningsfuldt det er at studere Åbenbaringens bog. For de fleste betyder det, at man læser tekst efter tekst, samtidig med at man konsulterer en eller flere adventist kommentarer for at forstå de usædvanlige symboler, og man at tolker Johannes profetier, som historiske begivenheder i fortid, nutid og fremtid. Jeg bliver stadig mere og mere overbevist om, at dette ikke er den mest frugtbare måde at læse den på, – slet ikke hvis man læser den for første gang.

Det hænder, at jeg prædiker om Åbenbaringens bog, og så begynder jeg gerne med at vise et dias med et maleri af Vincent van Gogh (1853-1890) – en berømt hollandsk impressionist maler. Jeg beder forsamlingen om at kigge nøje på dette maleri af 'Kartoffelspiserne'. Det er en dunkel og dyster scene med fem personer, der sidder rundt om et bord, hvor en olielampe hænger ned fra loftet. De spiser af det samme fad med kartofler. Når mine tilhørere har haft anledning til at kigge på maleriet i et par minutter, spørger jeg dem f.eks. om, hvor mange kaffekopper de lagde mærke til, eller hvor mange kartofler, der lå i fadet. Jeg får aldrig de rigtige svar, for det er ikke det, folk har fokuseret på. Når jeg så spørger, hvad de så, nævner de sædvanligvis bedrøvelse, tungsind og ikke mindst fattigdom. Dette er maleriets centrale budskab og ikke information om antallet af kartofler eller kaffekopper.

Efter dette opfordrer jeg mine tilhørere til at læse Åbenbaringens bog igennem flere gange. Jeg beder dem om at undlade at tælle kartofler, men at finde det overordnede budskab. På et senere tidspunkt er de måske blevet så interesseret i emnet, at de også ønsker at vide, hvor mange kartofler, der er i fadet. Når de har læst alle toogtyve kapitler i Åbenbaringen uden at bekymre sig om, hvad et segl, en basun, dyret fra jorden, etc. betyder, har de dannet sig et overblik over hele forløbet og dets mening, og de er ofte overraskede over, hvad de har fundet ud af. De ser, at denne specielle del af Bibelen har en dimension, som vi kan kalde 'overjordisk', og som rækker videre end det, der sker her.

Der foregår meget mere end det, vi kan se med vore øjne. Folk, der har valgt at stå på Guds side i hans kamp med det onde, bliver udsat for vanskelige tider, men på en eller anden måde klarer de det altid. Det er Guds fjender, der er tabere! De frelste må vise tålmodighed, men til sidst er det, dem, der forbliver loyale overfor Gud, der vil være i sikkerhed – dvs. at de bliver frelst. Åbenbaringens bog begynder med et syn, hvor Kristus vandrer midt iblandt sine menigheder, mens han holder deres ledere i hånden (1,12-20). Den slutter i en verden med fred og harmoni, hvor Gud bor midt iblandt sit folk. Det er det budskab, der møder os, når vi bare læser hele bogen og lader den tale til os. Når vi gør det, vil vi opdage, at bag de bibelske forfatteres menneskelige ord gemmer sig Guds Ord til os.

Kartoffelspiserne, Vincent van Gogh (1853-1890).

Når vi læser Bibelen for at finde næring til sjælen – og ikke så meget for at finde information – finder vi, at mange af de problemer, som får os til at tvivle på Bibelen, stort set forsvinder eller bliver mindre truende. Tænk f.eks. på Jonas bog. Læs de fire kapitler, hvilket du kan gøre på en halv times tid. Undlad at tælle kartofler. Glem alt om Jonas' tre dage i fiskens bug og busken, der gav ham skygge og som både groede op og forsvandt igen på mirakuløs vis. Tænk heller ikke så meget på nogle af detaljerne ved niniviternes omvendelse, der endda omfattede dyrene. Bare læs beretningen og forsøg at finde ud af, hvad disse få kapitler fortæller dig. Hvis vi gør det, finder vi ud af, hvordan Jonas uden held forsøger at flygte fra Gud. Det er en historie om mission og ikke om en fisk, der sluger folk. Vi erfarer, hvordan Gud har kaldet sin profet til en speciel opgave og ikke giver op, selv om Jonas ikke er villig til at prædike blandt Israels ærkefjender. Og bemærk, hvordan Jonas senere i beretningen er meget mere optaget af sit eget rygte som profet end om frelse for befolkningen i Ninive. Det er en beretning, der direkte kan anvendes på vort eget liv og vort forhold til Gud.

Jeg kunne fra Bibelen citere andre eksempler, der synes mærkelige men viser sig at have et tydeligt budskab, når vi læser dem i sin helhed og med et ønske om at finde noget, der kan nære vor sjæl. Når vi læser, skal vi altid gøre os klart, at vi møder Bibelen som helhed, eller de enkelte bøger i Bibelen, med forudfattede meninger. Vi læser Bibelen gennem egne briller. Jeg kan ikke læse Bibelen på en fuldstændig objektiv måde, uanset hvor meget jeg anstrenger mig. Folk i den vestlige verden læser ikke Bibelen på samme måde som folk i udviklingslande. Bymennesker har en anden tilgang til Bibelen end landbefolkningen har. Mange rige mennesker synes at have en forkærlighed for tekster, som siger at det er i orden at være rig, mens fattige mennesker synes at fokusere på tekster, der taler om retfærdighed og fairness. Bibellæsere i den vestlige verden finder meget i Skriften, som støtter deres livsstil, mens folk, der bliver undertrykt, umiddelbart tiltales af beretninger om modstandskamp og frihed.

Jeg har hørt adventister sige: 'Jeg kan ikke forstå, hvorfor mennesker bliver ved at opfatte søndagen, som hviledag, for det er da så tydeligt i Bibelen, at vi skal holde den syvende dag som Sabbat. Men husk, at det er klart for os, fordi sabbatsteksterne træder frem, når vi studerer Bibelen med vore adventistbriller på. Andre mennesker ser ikke med de samme briller og bemærker knapt disse sabbatstekster, fordi de ganske enkelt tager for givet, at den dag hvor Kristus genopstod, har erstattet Det gamle Testamentes sabbat. Uheldigvis læser vi alle

Bibelen på den måde. Som adventister fokuserer vi øjeblikkeligt på de tekster, der støtter vore læremæssige holdninger, og vi overser eller nedtoner automatisk tekster, der ikke synes at passe overens med disse holdninger. Det skal vi, som adventister ikke være flove over, for det er et almindeligt fænomen, at folk filtrerer, hvad de læser gennem deres forudfattede meninger.

Det første skridt i vor læsning af Bibelen er derfor, at vi gør os klart, at vi læser med vore personlige briller på, – og at andre gør det samme. For en tid siden blev jeg anbefalet at læse en lille bog, som jeg har fundet yderst oplysende. Den hedder *Reading the Bible from the Margins* og er skrevet af Miguel A. De La Torre, en cubansk-amerikansk teolog.[4] De La Torre påpeger, at folk, der lever i kirkernes grænseland, ikke altid kan acceptere en sådan standard læsning. De fattige og sådanne, som bliver udsat for diskrimination på grund af køn eller etnisk afstamning, kan have helt andre opfattelser og forståelser af bibelske tekster, der kan være værdifulde for alle læsere.[5] Mens jeg skriver dette, går det op for mig, at 'troende i kirkens grænseland' også læser Bibelen gennem andre briller. Under Helligåndens påvirkning finder de måske noget, som de fleste af deres trosfæller er gået glip af.

TÆNK

Når man skal håndtere sin tvivl, er det vitalt, at man tænker klart. Et meget vigtigt princip i tolkning af Bibelen er, at man bruger sin sunde fornuft. Når man læser Bibelen efter at have taget sit 'skridt i tro', skal man ikke standse sin intellektuelle indsats. Og man skal stadig bruge sin sunde fornuft. Tro er ikke bare et spring ud i mørket uden at tænke og imod alle kendsgerninger. 'Troen søger at forstå' sagde St. Anselm til os. Os Guinness siger det på denne måde: 'En kristen er et menneske, der tænker, men tror, mens han tænker'.[6] Det er væsentligt ikke at adskille tro og tænkning.

Fritz Guy hævder at 'tripel-tænkning' er en nødvendighed. Hermed mener han, at man altid skal tage tre aspekter med i sit forsøg på at finde ud af, hvad Bibelen siger. De tre principper, der bør vejlede os, og som skal afbalanceres med hinanden, er: (1) Det kristne evangelium, (2) Den kulturelle baggrund og (3) Adventistarven.[7] Jesu Kristi gode nyheder bør altid være centrum i vores tænkning. Hvad vi end læser i Bibelen, skal det fordøjes i lyset af det kristne evangelium. Det er ikke alt i de bibelske beretninger, der reflekterer det kristne evangeliums værdinormer, som f.eks. vold, slaveri, kønsdiskrimination og social uretfærdighed. Sådanne forhold i de bibelske beretninger fortæller os noget om den åndelige rejse, som Guds folk har foretaget i fortiden, uden at den altid reflekterer Guds karakter på rette vis. Det ideelle liv, som Jesus tegnede for os, kan godt se anderledes ud. Disse dele af Bibelen må altså ikke bestemme vores måde at tænke på, vores tro og vores liv.

Her kommer så det andet aspekt ind i billedet. Bibelen blev skrevet i en bestemt kulturel sammenhænd. Forfatterne var præget af datidens kultur. Meget af Bibelen fortæller om et patriarkalsk samfund med kulturelle normer og skikke, som ikke længere kan være normative for os. Når vi derfor læser Bibelen, skal vi hele tiden gøre os disse kulturelle baggrunde klart og forsøge at adskille Bibelens væsentlige budskab, og de principper dette indeholder, fra den kulturelle indpakning. Dette er ikke så let for mange adventister, og slet ikke for dem, der går ind for en ordret læsning af Bibelen og som forsøger at kvæle ethvert argument med det enkle: 'Så siger Bibelen'.

Det tredje aspekt i vores bibellæsning er adventistarven. Som tidligere nævnt læser vi Bibelen med adventist briller på. Dette behøver ikke at være negativt. Fortidens adventister har en rig arv at give videre. Vi skal med taknemmelighed anerkende denne. Vi begynder aldrig med et *tabula rasa* (en ren tavle), men står altid på skuldrene af vore forgængere. Jeg er klar over, at meget af min teologiske tænkning er stærkt påvirket af en række adventist lærde, som jeg agter meget højt. Men vores adventist arv er bare et af de tre aspekter og må ikke have lov til at skygge for de andre to. Vi skal hverken fornægte eller se ned på vores adventist arv, men bare gøre os klart, at den påvirker vores måde at tænke på. Vi skal være bevidste om, at den ikke alene kan være med til at klargøre noget for os, men den kan også være med til at skabe falske forestillinger, som vi må finde og rette på.

ELLEN G. WHITE

Et problem, som vi også må tage med, er vores holdning til Ellen G. White. Jeg skal være den sidste til at sige, at hun ikke længere har nogen betydning for Syvende dags Adventistkirken. Men jeg kan på den anden side godt forstå de problemer, som mange adventisttroende har, fordi hun ofte bliver sat på en piedestal, og fordi hendes skrifter ofte bliver brugt som det endelige svar på mange spørgsmål. Det er på høje tid, at både Ellen Whites person og gerning bliver yderligere afmytologiseret.

Da Ellen White døde i 1915 var hendes status ikke så ophøjet, som den i dag er det i nogle dele af menigheden. I flere år imødegik Adventistkirkens ledere faktisk de planer, som William White, Ellens ældste søn, havde om at udgive nogle af hendes efterladte og endnu ikke offentliggjorte skrifter.[8] Senere i 1920'erne og 1930'erne begyndte tendensen at vende. En mere fundamentalistisk opfattelse af inspiration begyndte at præge kirken, og det påvirkede også holdningen til Ellen Whites skrifter. Dette skifte var med til at fremme udgivelsen af en række 'samlings skrifter', hvilket vil sige samlinger af citater om bestemte emner, men hentet hist og pist fra alle hendes skrifter.[9]

Efterhånden som flere Ellen White bøger blev udgivet og oversat til mange forskellige sprog, blev 'profetens' rolle endnu mere udtalt. Selv i dele af Europa, hvor der længe havde været modvilje mod denne tendens – ikke mindst fra ledere som Ludwig Conradi – ændredes situationen. I mit eget land, Holland, havde præsterne traditionelt fået deres uddannelse i Tyskland, men efter 2. Verdenskrig begyndte de at tage til Newbold College i England, hvor Ellen White spillede en meget større rolle.

Denne udvikling indenfor menigheden foregik ikke uden modstand. I 1976 smed historikeren Ronald Numbers en sten i adventist pølen, som sendte bølger ud over hele verden. Bogen fik stor indflydelse, selv om kirkens ledelse gjorde, hvad den kunne for at afbøde dens virkning. Numbers pegede på, at Ellen Whites sundhedsråd skulle ses på baggrund af det nittende århundrede, og han skrev overbevisende om, at de fleste af hendes råd om en sund levevis og om naturmedicin ikke var så enestående som hævdet. I virkeligheden var det meste inspireret af andre sundheds reformatorer på samme tid.[10] Et nyt chok, der var mere end en sten i adventistpølen, var en bog af en tidligere adventist præst Walter Rea. Man kan bedre sammenligne hans bog med en tsunami i adventisthavet. Han fremsatte ubestridelige beviser for, at Ellen White havde lånt meget fra andre forfattere og ofte havde kopieret længere passager uden at opgive sine kilder.[11] Andre opdagelser fulgte i kølvandet på disse anklager om plagiat. Donald R. McAdams fokuserede f.eks. på historiske fejltagelser i nogle af Ellen Whites bøger som f.eks. *Den store Strid.*[12]

The Ellen G. White Estate – den organisation, der har ansvaret for og som forvalter rettighederne for ellen Whites litterære værker, gjorde, hvad de kunne for at tage brodden ud af disse ødelæggende afsløringer. De svarede også på vanskelige spørgsmål, der var blevet stillet omkring nogle meget usædvanlige udtalelser, som Ellen White havde fremsat. (Efter min mening var disse svar ikke helt fyldestgørende). Samtidig var der andre forfattere, der ønskede at forsvare hendes autoritet og betydning, men de lagde mere vægt på profetens menneskelige side, end man havde set tidligere.[13] Jeg har fundet to nye bøger meget gavnlige, når det gælder at danne et mere realistisk billede af Ellen White. Gilbert Valentine skriver om dynamikken i forholdet mellem Ellen White og tre af Generalkonferensens formænd. Det viser tydeligt, hvordan Ellen White havde stærke meninger om deres egnethed som formænd, og hvordan hun til tider var helt politisk eller ligefrem manipulativ i sit samarbejde med dem.[14] En anden bog, der indeholder essays fra 18 adventist og ikke-adventist akademikere, beskriver mange aspekter omkring Ellen Whites person og gerning. Denne bog giver oplysninger om hende, som enten var temmelig ukendte eller helt ukendte i forvejen.[15] Reaktionen på denne og andre bøger viser, at kirkens ledelse tilsyneladende føler, at den forskning som har ført til, at der er blevet sat fokus på forskellige problemstillinger, ikke skal stå uimodsagt.[16] Dette er alt sammen del af en proces, der uden tvivl vil fortsætte.

Adventist troende 'i kirkens grænseland' vil gøre sig selv en tjeneste ved at læse nogle af de bøger, som jeg har nævnt eller henvist til i bogens fodnoter. De vil hjælpe til at få en mere afbalanceret opfattelse af Ellen White og til at forstå, at hun levede og skrev i det nittende århundredes amerikanske verden. Mange af de principper, som hun understregede, har stadig værdi for os i dag. underkastet tidens begrænsninger, når det gælder videnskabelig viden. Desuden var hun hverken uddannet historiker eller teolog. Hendes historiske henvisninger er ikke vandtætte og hendes brug af Bibelen er mest i form af 'bevis tekster'. Sproget hun benyttede sig af, er temmelig dystert, set med nutidens øjne, og vi kan næppe forvente, at unge mennesker vil flokkes om hendes skrifter i almindelighed. Alt dette betyder ikke, at hendes skrifter ikke længere har værdi for adventister, men vi skal ikke forvente mere af dem, end fornuftigt er. Som adventister bør vi sætte pris på hendes hele bøger, (mere end på de såkaldte samlinger). De hele bøger er gode til andagtslæsning og til berigelse af vort åndelige liv.

På Bibelens tid talte mange profeter på Guds vegne. Nogle af dem bliver bare nævnt i forbifarten i Bibelen, og selv store profeter, som Elias og Elisha har ikke selv skrevet noget i Bibelen. På den anden side kan det godt være at de profeter, der har skrevet noget i Bibelen, har skrevet mere end det, vi kender til fra den bibelske kanon. Dette kunne måske også tjene som et pejlemærke, når det gælder Ellen Whites skrifter. Tiden sætter sit præg, og gradvist udvikler vi måske en consensus om, hvad der er essensen af det, hun skrev. Det kunne se ud til, at sådanne bøger som *Vejen til Kristus*, *Den store Mester* og *Kristi Lignelser* er nogle af de bedste på listen. 'Troende i grænselandet', der gerne vil have indtryk af, hvad hun skrev, kunne passende begynde med disse eller lignende bøger.

BED

Jeg håber at mine bemærkninger om bibellæsning, betydningen af at tænke og mine kommentarer om Ellen Whites betydning for Adventbevægelsen har været til hjælp. Det er imidlertid vigtigt at sikre, at alt dette ikke bare bliver til noget, der sidder på rygraden. Når vi foretager vores 'tros skridt' – må vi forvente, at Gud ønsker at kommunikere med os. Kristne vil hævde, at dette sker gennem hans Ånd. Vi skal ikke her indlade os på nogle indviklede teologiske forklaringer om Helligåndens person og gerning, men jeg vil gerne understrege, at vi kun får den fulde gavn af vores bibellæsning og vores tænkning, hvis vi tillader Gud at vejlede os i, hvad der betyder noget, og hvordan det, vi læser, skal påvirke vores tilværelse her og nu. Bøn er normalt den situation, hvor vi åbner for os denne guddommelige indflydelse.

Mange troende finder det svært at bede. Når vi har forsøgt at bede, synes det, som om mange af vore bønner bare har været tomme floskler, der udspringer fra vaner mere end fra overbevisning. Det er ikke altid så let at finde de rette ord til at udtrykke vore inderste følelser og motiver. Selv Jesu disciple undredes over, hvordan de skulle bede. 'Lær os at bede' (Luk 11,1), sagde de. Som svar på deres opfordring, gav Jesus dem det, vi kalder for Fader Vor. Når vi tager et skridt i tro, må vi også tage et skridt i tillid og forvente, at Gud hører os, når vi beder om vejledning.[17]

Hvis du ikke plejer at bede eller ikke ved, hvordan du skal bede, kan det være en god begyndelse blot at bruge ordene fra Fader vor. Eller, når du har læst et stykke fra Bibelen, kan du standse dine overvejelser om, hvad dette betyder for dig og ganske enkelt være stille. Sig f.eks. 'Gud, hjælp mig til at opdage, hvad jeg har brug for at finde som svar på mine spørgsmål'. Giv med andre ord Gud en chance for at fortælle dig, hvad der har betydning for dig i denne situation.

Så tal med Gud om din tvivl, og bed ham om vejledning, idet du leder efter svar. Men tal også med andre mennesker. Det er ikke lige meget hvem, du taler med om din usikkerhed og tvivl. Der kan være nogle i din lokale menighed eller andre steder, der bare bliver forvirrede, hvis de ved, hvad du kæmper med, - og det vil hverken hjælpe dig eller dem. Hvis du ser dig godt om, vil du imidlertid altid finde mennesker, der har samme erfaringer som dig selv, og som vil være taknemmelige, hvis du vil dele dine tanker og spørgsmål med dem. I mange tilfælde vil det hjælpe dem og også dig selv at tale sammen. Det kan være en ven, en præst eller menighedsforstander, som kan vejlede dig. En eller anden, der kan få dig på nye tanker eller henvise dig til nogle bibelske tekster, som kan inspirere 'folk i grænselandet'. De kan måske også foreslå dig en bog, som kan stimulere dine tanker. Du finder måske endda en, som har rejst den samme vej som dig, men som bare er lidt foran dig, og som har været i stand til at træffe det rigtige valg, da han befandt sig i 'spaghetti situationer'[18] og derfor kan hjælpe dig til at omstille din åndelige GPS.

'QUESTIONS ON DOCTRINES'
Før eller senere bliver 'troende i kirkens grænseland' nødt til at finde svar på deres tvivl, når det gælder deres kirkes specielle trospunkter. I tillæg til, hvad jeg tidligere har nævnt om at prioritere trospunkterne med hensyn til deres relative betydning, og som reaktion på spørgsmålet om, hvor mange trospunkter en 'rigtig' adventist bør tage til sig, vil jeg gerne understrege et punkt mere. Vi burde ikke være bange for at stille kritiske spørgsmål omkring den traditionelle adventist-formulering og -forklaring af vore trospunkter.

Roy Adams, en af Adventist Reviews tidligere redaktører, der forsøgte at tage hul på en debat om vor traditionelle lære om helligdommen, gik imod folk, der mente, at 'den måde, vi altid har forkyndt vore trospunkter eller teologiske synspunkter på, skal for altid forblive den samme (frozen in formaldehyde forever) og aldrig tages op til overvejelse, aldrig modificeres, aldrig gøres tydeligere.[19] Den samme forfatter citerede følgende fascinerende udtalelse i sin introduktion til en doktorafhandling om adventisternes forståelse af helligdomsspørgsmålet: 'Store filosofiske eller teologiske problemer bliver sjældent løst til efterfølgende generationers tilfredshed'.[20] Jeg kan helt tilslutte mig den samme opfattelse. Det giver mig plads til at ånde frit og en fornemmelse af frihed til at genoverveje min menigheds trospunkter på en åben og kritisk måde.

Jeg antyder ikke et eneste øjeblik, at det er let at håndtere sin tvivl på den måde, som jeg har foreslået. Jeg kender ingen lynmetode. Men noget af det, jeg har sagt, kan måske hjælpe dig til at finde den indre fred, som du har brug for, mens du overvejer din tvivl og leder efter svar. En væsentlig faktor er tid. Vi må ikke have for travlt, når det drejer sig om tvivl. Tvivlen har sikkert udviklet sig gennem mange år, og det kan tage lige så lang tid at få tingene til at falde på plads igen. Jeg tror, det vil være nyttigt, hvis man fokuserer på 'en ting ad gangen, mens jeg gemmer resten bag lås og slå i mellemtiden. Når jeg så efter megen tænkning og bøn – og ofte mange frugtbare diskussioner med andre – har fundet nogle svar på et bestemt spørgsmål, så tillader jeg mig at finde et af mine andre emner frem fra det låste skab. På den måde har jeg fundet ud af, at jeg kan håndtere min tvivl. Når jeg forsøger at klare alle mine spørgsmål på samme tid, så bliver jeg bare stresset. Det skaber panik, og jeg står tilbage med en følelse af, at intet mere er sikkert.

Os Guinness kom med nogle gavnlige kommentarer, da han diskuterede den troendes liv som en pilgrims i en 'spaghetti situation' – en, der hele tiden må vælge den rute, han vil følge i forhold til de mange muligheder, der byder sig.[21] Han advarer os og siger, at det at finde svar på vor tvivl er ikke bare som at passere et almindeligt vejkryds. Det er derfor han kalder det en 'spaghetti situation'.

Guinness antyder, at der er fire etaper på vores rejse mod at blive en afbalanceret troende kristen. Først gælder det om at tage tid til spørgsmål. (Jeg mener, vi har taget os god tid til dette gennem bogens første fem kapitler). Det betyder, at vi må blive søgere og om nødvendigt give slip på gamle ideer for at være åbne overfor andre synspunkter. På anden etape leder vi efter svar. Vi overvejer mulige alternativer til tidligere synspunkter, som vi ikke længere er så sikre på.

Etape tre kalder Guinness for udsagnenes etape. Vi afprøver vore nye forståelser og prøver at afgøre, hvordan de passer ind i vore religiøse overbevisningers større perspektiv. For adventister vil dette betyde, at vi bestemmer, hvordan vi kan få disse nye ideer, som vi føler os fortrolige med, til at passe ind i rammen for adventisme, og hvordan vi kan blive eller forblive 'rigtige' adventister, selv om vi måtte afvige fra nogle af de traditionelle adventistsynspunkter.

Vi har forsøgt at beskæftige os med den anden og tredje etape i denne bogs anden del. Men, siger Guinness, glem ikke den sidste etape, som er den mest betydningsfulde. Efter at have været igennem de tre etaper er det tid til handling. Vi må sikre os, at vor nye forståelse påvirker vore daglige liv. Det er jo det, der virkelig tæller, når det gælder.

I 19987 udgav Pacific Press Publishing Association en lille bog, som jeg havde skrevet om de daværende 27 fundamentale trospunkter.[22] Den var ganske enkel og indeholdt ingen dybsindig teologi. Jeg betragtede kort hvert enkelt trospunkt og spurgte i hvert tilfælde: Hvilken forskel gør det, at jeg tror sådan? Jeg gik ud fra, at en 'sandhed' skal gøre noget for mig. Kristus sagde til sine tilhørere, at sandheden ville sætte dem fri (Joh 8,32). Sandheden er ikke en teori, et filosofisk eller teologisk system, men en agent, der forandrer folk. Idet jeg gennemgik alle syvogtyve punkter, spurgte jeg mig selv, hvordan dette specielle trospunkt kunne gøre mig til en bedre, mere afbalanceret, mere behagelig og mere åndelig person? Hvis ikke det kan gøre noget for mig, så har det ingen reel værdi.

Til min overraskelse har hverken noget før eller siden medført så mange positive reaktioner. Denne lille bog syntes at ramme noget hos mange læsere. De ønskede altså ligesom jeg, at tro på noget, der påvirker vores tilværelse – noget relevant eller for at bruge en traditionel vending i adventistkredse, noget der er 'nærværende sandhed'.

MIN REJSE

Jeg behøver ikke at være profet for at sige, at jeg er nærmere mit livs afslutning end dets begyndelse. Når folk går på pension, har de ofte en tendens til at se tilbage på, det der var. Da jeg begyndte, som prædikant, var jeg lidt af en fundamentalist, men jeg har altid stillet spørgsmål. Efterhånden har jeg fundet svar på mange af dem. Jeg har også ændret synspunkt på mange ting, og jeg har gradvist oplevet en teologisk holdningsændring. Nogen ville sikkert kalde mig for 'liberal', mens andre måske ville betegne mig som en 'progressiv' adventist. (Jeg kan selv bedst lide den sidste betegnelse!) Jeg kan bare ikke rigtig lide at blive sat i en bestemt bås. Måske kan jeg bedst opsummere min åndelige rejse ved at sige, at jeg altid har forsøgt at tænke selvstændigt, samtidig med at jeg har forsøgt at forblive loyal overfor min Herre, min menighed og mig selv.

Hvis jeg skulle sammenfatte, hvor jeg for tiden befinder mig på min rejse – som kristen og som adventist – og blev bedt om at fortælle, hvad jeg tror, så ville min række af Fundamentale trospunkter se sådan ud:

JEG TROR
- at Gud er tre i én: Fader, Søn og Helligånd.
- at Gud er alle tings skaber, hvilket betyder, at jeg er et skabt væsen med de privilegier og det ansvar, som dette medfører.
- at Jesus Kristus kom her til jorden for én gang for alle at løse syndens problem ved at dø og at genopstå – for verden og for mig.
- at Helligånden vejleder min samvittighed og har udstyret mig ved visse gaver, sådan at jeg kan tjene Gud bedre.
- at Bibelen er en inspireret bog, der fortæller historien om Guds forhold til menneskeheden og forsyner mig med grundlæggende og vejledende principper, så jeg kan leve i overensstemmelse med Guds hensigt.
- *at jeg som menneske er dødelig, men at, når jeg dør, bliver min identitet på en eller anden* måde bevaret hos Gud; og han vil give mig en ny begyndelse i et evigt liv.
- at vor nuværende verden er inficeret med ondskab af djævelske proportioner, hvorfor der er brug for en løsning ovenfra; Kristus vil fuldende denne proces, når han vender tilbage til jorden og skaber 'en ny himmel og en ny jord'.
- at jeg kun kan leve autentisk, som Kristi efterfølger, hvis jeg bevidst søger at forme mit liv efter de principper, som han har vist mig.
- at jeg hver sabbat har en enestående anledning til at opleve den hvile, som Gud sørger for.
- at jeg er ansvarlig for, hvordan jeg bruger jordens ressourcer, og hvordan jeg bruger min tid, mine materielle midler og mine talenter – og for, hvordan jeg tager vare på min krop.
- at jeg sammen med alle sande kristne, kan være medlem i Guds menighed.
- at det tros fællesskab, som jeg tilhører, spiller en væsentlig rolle i evangeliets forkyndelse over hele verden og har til opgave at sætte varige spor.
- at jeg gennem min dåb kan blive en del af Guds menighed, og ved regelmæssigt at deltage i Herrens nadver, bliver jeg mindet om Kristi lidelse og død.
- at jeg kan opleve åndelig vækst sammen med dem i samfundet, som jeg føler mig beslægtet med.

Naturligvis kan en sådan række 'læresætninger' aldrig blive fuldkommen, og det skal også bemærkes, at det, jeg har nævnt ovenfor, er fundamentalt for mig. Andre må give udtryk for hvad der er fundamentalt for dem, og de vil sikkert bruge andre ord, tilføje flere punkter, eller udelade nogle af mine elementer.

Dette er sagens kerne: Det er godt fra tid til anden at tænke over, hvad der er fundamentalt i vores tro. Dette hjælper os til at skelne mellem primære og sekundære forhold – og til ikke at betragte sekundære ting, som om de havde størst betydning.

Idet vi er nået til sidste afsnit i denne bog, kan jeg betro jer, som læser den, at det har været godt for mig selv og min egen sjæl at skrive den. Jeg håber inderligt, at den vil give mange af jer, der er 'troende i kirkens grænseland' hjælp til at håndtere jeres spørgsmål og jeres tvivl; at den må genantænde gnisten til en levende tro og hjælpe jer bort fra 'grænselandet'. At I må opleve velsignelsen ved helt at deltage i menighedslivet.

Jeg ved, at Adventistkirkens fællesskab langt fra er fuldkomment, men når Gud kan holde det ud, så burde vi også kunne.

3. DEL

Noter og henvisninger

KAPITEL 1.
SKAL JEG BLIVE ELLER GÅ?

1. www.reinderbruinsma.com
2. http://www.thetablet.co.uk/news/170/0/1-000-catholic-churches-in-holland-to-close-by-2025-pope-warned.
3. http://www.huffingtonpost.com/2014/11/05/catholic-church-new-york-closing_n_6097300.html.
4. Mark A. Knoll, *Turning Points: Decisive Moments in the History of Christianity* (Grand Rapids, MI: Baker Academic, 1997), p. 299.
5. Dean Kelly, *Why Conservative Churches Are Still Growing* (New York: Harper and Row, 1972), pp. 95, 96.
6. See the chapter 'Why "Mainline" Denominations Decline' in: Roger Finke and Rodney Stark: *The Churching of America 1776-1990: Winners and Losers in our Religious Economy* (New Brunswick, NJ: Rutgers University Press, 1992), pp. 237-275.
7. For a persuasive and intriguing treatment of the 'image problem' of Christianity with the current younger generations, see David Kinnaman and Gabe Lyons, *Un-Christian: What a New Generation Really Thinks about Christianity* (Grand Rapids, MI: Baker Books, 2007), and Dan Kimball, *They Like Jesus but not the Church: Insights from Emerging Generations* (Grand Rapids, MI: Zondervan, 2007).
8. http://edition.cnn.com/2015/05/12/living/pew-religion-study/
9. The *Barna group* is a prestigious research organization in the United States that focuses on issues regarding the relationship between faith and culture.
10. http://www.gotquestions.org/falling-away.html.
11. https://news.adventist.org/en/all-news/news/go/2015-10-13/church-accounts-for-lost-members/.
12. Nathan Brown, *Why I Try to Believe: An Experiment in Faith, Life and Stubborn Hope* (Warburton, Australia: Signs Publishing, 2015).

KAPITEL 2.
KRISTENDOMMEN I KRISE

1. http://www.amsterdam.info/netherlands/population/.
2. http://www.iamsterdam.com/en/local/about-amsterdam/people-culture/religion-spirituality.
3. http://www.nyc.gov/html/dcp/pdf/census/nny2013/chapter2.pdf.
4. https://en.wikipedia.org/wiki/Demographics_of_Toronto.
5. http://www.usatoday.com/story/news/2015/09/28/us-foreign-born-population-nears-high/72814674/.
6. A few specialized agencies collect such statistics. A good, annually updated source is the *International Bulletin of Missionary Research*.
7. Philip Jenkins, *The Next Christendom: The Coming of Global Christianity* (New York: Oxford University Press, 2011).
8. Office of Archive and Statistics: https://www.adventistarchives.org for the annual statistical reports from which these data have been drawn.
9. https://viaintegra.wordpress.com/european-church-attendance/.
10. http://worldnews.nbcnews.com/_news/2013/03/05/17184588.

11 http://www.churchleaders.com/pastors/pastor-articles/139575-7-startling-facts-an-up-close-look-at-church-attendance-in-america.html.
12 https://en.wikipedia.org/wiki/Demographics_of_atheism.
13 See e.g. my e-book that may be downloaded from Amazon.com: *Present Truth Revisited: An Adventist Perspective on Postmodernism*, 2014.
14 http://www.brainyquote.com/quotes/topics/topic_history.html#GxsDIcsLvCTD3HqI.99.
15 Simony occurs when people are able to buy a church office for themselves or for a relative. The word originates from the story in Acts 8.

KAPITEL 3.
DE SENESTE TENDENSER INDEN FOR ADVENTISMEN

1 http://docs.adventistarchives.org/docs/ASR/ASR2014.pdf#view=fit.
2 David F. Wells, *Above Earthly Powers: Christ in a Postmodern World* (Grand Rapids, MI: Wm. B. Eerdmans, 2005), pp. 108, 109.
3 Frank S. Mead, *Handbook of Denominations in the United States* (13th edition; Nashville, TN: Abingdon Press, 2010).
4 See Richard W. Schwartz and Floyd Greenleaf, *Light Bearers: A History of the Seventh-day Adventist Church* (Nampa, ID: Pacific Press, 2000 rev. ed.), pp. 615-625.
5 http://www.bwanet.org.
6 George R. Knight, *A Search for Identity: The Development of Seventh-day Adventist Beliefs* (Hagerstown, MD: Review and Herald, 2000), pp. 17-21.
7 David O. Moberg, *Church as Social Institution* (Upper Saddle River, NJ.: Prentice Hall, 1962; revised 1984).
8 Cf. the title of his book *Why Christianity Must Change or Die* (San Francisco, CA: HarperCollins, 1998).
9 Some of the remarks in the following paragraphs reflect the presentation I gave to the German AWA (*Adventistischer Wissenschaftlicher Arbeitskreis*)—an organization not unlike the Forum Associations in the United States—October 2-4, 2015, in Eisenach, Germany.
10 Audio recording of Gilbert Valentine's presentation on July 25, 2015 in Glendale, CA, at the SDA Forum meeting: http://spectrummagazine.org/sites/default/files/LApercent20Forumpercent20-percent20Gilpercent20Valentine.mp3
11 Alternative spellings are frequently used: 'Christian Connexion' or 'Christian Connexxion.'
12 George R. Knight, ed., *Seventh-day Adventists Answer Questions on Doctrine*, annotated edition (Berrien Springs, MI: Andrews University Press, 2003).
13 The *Seventh-day Adventist Bible Commentary*, 7 vols. (Washington, DC: Review and Herald, 1953-1957. For the historical background of this project, see Raymond F. Cottrell, 'The Untold Story of the Bible Commentary,' *Spectrum* Vol. 16, no. 3 (August 1985), 35–51.
14 See my paper 'Revival and Reformation—a current Adventist Initiative in a broader perspective,' presented at the European Theological Teachers' Convention, Newbold College, UK, March 25-29, 1915. Published in Jean-Claude Verrecchia, ed., *Ecclesia Reformata, Semper Reformanda: Proceedings of the European Theology Teachers' Convention 25-28 March 2015* (Newbold Academic Press, 2016), pp. 101-121.

15 For the original text of the 27 Fundamental Beliefs, see e.g. Ministerial Association of Seventh-day Adventists, *Seventh-day Adventists Believe—A Biblical Exposition of the 27 Fundamental Doctrines* (General Conference of SDA, 1988).
16 See for a biography: Milton Hook, *Desmond Ford: Reformist Theologian, Gospel Revivalist* (Riverside, CA: Adventist Today Foundation, 2008).
17 See *General Conference Working Policy,* A15; also: https://www.adventist.org/en/information/official-statements/documents/article/go/0/total-commitment-to-god.
18 For a transcript of this sermon, see *Adventist Review, GC Session Bulletin no. 8.,* July 9, 2010.
19 Ellen G. White, *Testimonies for the Church,* vol. 9 (Mountain View, CA: Pacific Press, 1948 ed.). p. 271.
20 http://en.wikipedia.org/wiki/Raymond_Cottrell.
21 *Minutes General Conference Committee,* October 15, 1973. http://documents.adventistarchives.org/Minutes/GCC/GCC1973-10a.pdf
22 Robert H. Pierson, *Revival and Reformation* (Washington DC: Review and Herald, 1974).
23 Robert H. Pierson, 'Final Appeal to God's People,' *Review and Herald,* 26 October 1973.
24 http://www.revivalandreformation.org/.
25 http://revivedbyhisword.org/.
26 http://www.revivalandreformation.org/777.
27 The question was formulated as follows: 'After your prayerful study on ordination from the Bible, the writings of Ellen G. White, and the reports of the study commissions; and after your careful consideration of what is best for the church and the fulfillment of its mission, is it acceptable for division executive committees, as they may deem it appropriate in their territories, to make provision for the ordination of women to the gospel ministry? Yes or No.'
28 *Understanding Scripture: An Adventist Approach,* Biblical Research Institute Studies, vol. 1 (2006); *Interpreting Scripture: Bible Questions and Answers,* Biblical Research Institute Studies, vol. 2 (2010).
29 'Seventh-day Adventist Doctrinal Statements,' in: Don F. Neufeld, ed., *Seventh-day Adventist Encyclopedia* (Hagerstown, MD: Review and Herald, 1996 ed.), vol. 2, p. 464.
30 Article 6 of the Fundamental Beliefs, on creation, is now worded as follows: God is Creator of all things, and has revealed in Scripture the authentic and historical account of His creative activity. In a recent six-day creation the Lord made 'the heavens and the earth, the sea and all that is in them' and rested on the seventh day. Thus He established the Sabbath as a perpetual memorial of His creative work performed and completed during six literal days that together with the Sabbath constituted a week as we experience it today. The first man and woman were made in the image of God as the crowning work of Creation, given dominion over the world, and charged with responsibility to care for it. When the world was finished it was 'very good,' declaring the glory of God. (Gen. 1-2; Ex. 20:8-11; Ps. 19:1-6; 33:6, 9; 104; Isa. 45:12; Acts 17:24; Col. 1:16; Heb. 11:3; Rev. 10:6; 14:7.)
31 E.g. in the statements 'Homosexuality,' and 'A Statement of Concern on Sexual Behavior' in: *Statements, Guidelines and Other Documents of the Seventh-day Adventist Church* (Silver Spring, MD: Communication Department of the General Conference of Seventh-day Adventists, 2006), pp. 38, 94-95. A cover story in Ministry magazine in the 1980s announced that Adventists had found a way to 'heal' homosexuals. The exposure that came on the heels of that left the publishers shame-faced.

32 The most important texts that are cited by those who insist that the Bible does not allow for any homosexual activity are: Deuteronomy 23:17, 18; Leviticus 18:22; Genesis 19; Judges 19; Romans 1:20, 21; 1 Corinthians 6:9 and 1 Timothy 1:8-10.

KAPITEL 4.
ER DER I GRUNDEN EN GUD? HELT ALVORLIGT?

1 I am indebted to Bobby Conway for pointing me to this experience of Steve Jobs in his book *Doubting toward Faith: The Journey to Confident Christianity* (Eugene, OR: Harvest House Publishers, 2015), p. 50. The story is described in Jobs' biography by Walter Isaacson, *Steve Jobs* (New York: Simon & Schuster, 2011), pp. 14, 15.
2 http://www.merriam-webster.com/dictionary.theodicy.
3 Richard Rice, *Suffering and the Search for Meaning: Contemporary Responses to the Problem of Pain* (Downers Grove: IVP Academic Press, 2015).
4 This theory is referred to as 'open theism' or as 'process-theology' (an approach that goes, in fact, beyond 'open theism'). Richard Rice is an important process-theologian.
5 See also my book *Faith: Step by Step: Finding God and Yourself* (Grantham, UK: Stanborough Press, 2006). A few paragraphs from this book have been rephrased in this section.
6 Ellen G. White, *Great Controversy*, pp. v-vii; *Selected Messages*, vol. 1, pp. 16, 19, 20.
7 The minutes of this conference were nowhere to be found until 1975, when the conference transcripts were discovered in the archives of the headquarters of the Adventist Church. Transcript excerpts were first published in 1979 by *Spectrum* magazine and are now available in their entirety on an official church website. For the full reports, see http://docs.adventistarchives.org/documents.asp?CatID=19&SortBy=1&ShowDateOrder=True
8 http://www.evilbible.com/.
9 Bobby Conway, op. cit., p. 72.
10 http://www.brainyquote.com/quotes/authors/r/richard_dawkins.html.
11 Maarten 't Hart, *Magdalena* (Amsterdam: Singel Uitgeverijen, 2015).
12 This is the opinion of the well-known Dutch theologian Harry Kuitert, *Alles behalve kennis* (Baarn, the Netherlands: Ten Have, 2012).
13 See the title of the book by Gerrit Manenschijn: *God is zo groot dat hij niet hoeft te bestaan* (Baarn, the Netherlands: Ten Have, 2002).
14 Jennifer Michael Hecht, *Doubt: A History* (San Francisco: HarperCollins, 2004).

KAPITEL 5.
KAN JEG STADIG TRO PÅ DETTE?

1 See 'How Much Diversity Can We Stand?' in Ministry (April 1994), pp. 5, 27; See also William G. Johnsson, *The Fragmenting of Adventism* (Boise, ID: Pacific Press, 1995), pp. 91-95. A. LeRoy Moore, *Adventism: Resolving Issues that Divide Us* (Hagerstown, MD: Review and Herald, 1995) focuses on the divergence in views regarding law and grace, the atonement and the natures of Christ.

2 http://christianforums.com/member.php?u=185580.
3 Roger W. Coon, 'Shaking,' in: Denis Fortin and Jerry Moon, eds., *The Ellen G. White Encyclopedia* (Hagerstown: Review and Herald, 2013), pp. 1157, 1158.
4 See note 28, chapter 3.
5 'Methods of Bible Study,' in: R Dabrowski, ed., *Statements and Guidelines and Other Documents of the Seventh-day Adventist Church*, published by the General Conference Communication Department, 2005.
6 See vol. 5, pp. 175-181 of the *Seventh-day Adventist Bible Commentary* (1956).
7 The *Adventist Theological Society* (ATS) is associated with the Seventh-day Adventist Church as an independent ministry. According to its website it is 'an international, professional, nonprofit organization established as a theological resource for the Seventh-day Adventist Church.' The association is conservative in its theology and has the confidence of the current top church leadership. This is not (or at least less) true for the Adventist Society of Religious Studies (ASRS), which is considered by many to be quite 'liberal.'
8 See p. 40.
9 Merlin D. Burt, 'History of Seventh-day Adventist Views on the Trinity,' *Journal of the Adventist Theological Society*, 17/1 (Spring 2006), pp. 125–139. See also Richard Rice, 'God,' in: Gary Charter, ed., *The Future of Adventism* (Ann Arbor, MI: Griffin & Lash, Publishers, 2015), pp. 3-24, and Woodrow Whidden, et al., *The Trinity: Understanding God's Love, His Plan of Salvation and Christian Fellowships* (Hagerstown, MI: Review and Herald, 2002).
10 This book resulted from lengthy discussions in 1955-56 between a few representatives of the Adventist Church and two evangelical leaders. Donald Barnhouse and Walter Martin wanted to know more about the teachings of the Seventh-day Adventists, before Martin published a book about Adventism. See George R. Knight, *Seventh-day Adventists Answer Questions on Doctrine*—Annotated Edition (Berrien Springs, MI: Andrews University Press, 2003).
11 For a very accessible summary of Ellen White's many statements about the human nature of Christ, see Dennis Fortin, 'Ellen White and the Human Nature of Christ,' https://www.andrews.edu/~fortind/EGWNatureofChrist.htm
12 See Jean-Claude Verrecchia, *God of No Fixed Address: From Altars to Sanctuaries, Temples to Houses* (Eugene, OR: Wipf and Stock, 2015). This important book explores new paths regarding the sanctuary doctrine. So far it has appeared in English, French and Dutch. Verrecchia pleads for a frank reappraisal of the traditional Adventist view of this doctrine, after stressing the widespread unease among many Adventist believers about the traditional interpretation. For a historical survey of how Adventism has related to the sanctuary doctrine, see Alberto R. Timm, 'The Seventh-day Adventist Doctrine of the Sanctuary (1844-2007), in: Martin Pröbstle et al., eds, *For You Have Strengthened Me: Biblical and Theological Studies in Honor of Gerard Pfandl in Celebration of his Sixty-Fifth Birthday* (Peter am Hart (Austria): Seminar Schloss Bogenhofen, 2007), pp. 331-359.
13 Dr. David Trim, director of the Office of Archives and Statistics of the world-wide Seventh-day Adventist Church, reported to the Annual Council in 2013 the outcome of a research project in which over 4,000 church members around the world participated. 38 percent indicated that they do not (or nor fully) accept the doctrine of the sanctuary and the investigative judgment.
14 A survey of over 200 pastors in 2000 in the Los Angeles (USA) region indicated that 41 percent of them did not accept the traditional version of the Adventist sanctuary doctrine. See Aivars Ozolins, 'Doctrinal Dissonance and Adventist Leadership: Recapturing Spiritual Wholeness through Crisis, http://lasierra.edu/

fileadmin/documents/religion/School_of_Religion_2011-12/ASRS_2011/05_Aivars_Ozolins_Doctrinal_Dissonance.pdf.
15 Reinder Bruinsma, *Seventh-day Adventist Attitudes toward Roman Catholicism, 1844-1965* (Berrien Springs, MI: Andrews University Press, 1994).

KAPITEL 6.
ET SPRING I TRO

1 Os Guinness, *Doubt: Faith in Two Minds* (Tring, UK: Lyon Publishing, 1976), p. 15.
2 Ibid. p. 31.
3 Bobby Conyway, op. cit., p. 46.
4 The Czech priest-author Tomás Halík refers at length to Thérèse of Lisieux in his beautiful book *Patience with God: The Story of Zacchaeus Continuing in Us* (New York–London-Toronto-Sydney-Auckland: Doubleday, 2009). See, in particular, chapter 3.
5 See: Brian Kolodiechuk, ed., *Mother Teresa: Come Be My Light: The Private Writings of the Saint of Calcutta* (New York: Doubleday, 2007).
6 http://time.com/4126238/mother-teresas-crisis-of-faith/.
7 Paul Tillich, *Systematic Theology*, 1975, vol. 2, p. 116.
8 *New York Times*, 3 December, 1978.
9 The full text of this long poem is found online in many places. See e.g.: http://www.online-literature.com/tennyson/718/
10 Gary Parker, *The Gift of Doubt: From Crisis to Authentic Faith* (New York: HarperCollins, 1990), p. 69.
11 Guinness, op. cit., pp. 61ff.
12 Ellen G. White, *Steps to Christ*, p. 105.
13 Ellen G. White, *Selected Messages*, p. 48
14 The text of the apocryphal 'Acts of Thomas,' may be found at: http://www.earlychristianwritings.com/text/actsthomas.html.
15 In much of what follows in this chapter I rely on two of my earlier publications: *Faith: Step by Step* (especially chapter 3, pp. 51-66), which was published in 2006 by Stanborough Press, Grantham, UK) and *Keywords of the Christian Faith* (Hagerstown, MD: Review and Herald, 2008), especially chapter 2, pp. 22-31.
16 Robert C. Greer, *Mapping Postmodernism: A Survey of Christian Options* (Downers Grove, IL: InterVarsity Press, 2003), pp. 183, 184
17 Published by Trinity Press in Harrisburg, PA in 1996.
18 Published by Oxford University Press, Oxford/New York, in 2000.
19 *Steps to Christ*, p.102.
20 W. Jay Wood, *Epistemology: Becoming Intellectually Virtuous* (Downers Grove, IL: IVP Academic, 1998), p. 83.
21 Ibid., p. 99.
22 Jonathan Dancy, *Introduction to Contemporary Epistemology* (Oxford, UK: Blackwell, 1985), pp. 31-32.
23 Nancey Murphy, *Beyond Liberalism and Fundamentalism: How Modern and Postmodern Philosophy Set the Theological Agenda* (Harrisberg, PA: Trinity Press International, 1996), p. 94.
24 W.V. Quine and J.S. Ulian, *The Web of Belief* (New York: McGraw-Hill Inc., 1976 ed.).

25 *Warranted Christian Belief* (New York/Oxford: Oxford University Press, 2000).
26 See Alvin Plantinga, op. cit., pp. 192-198; W. Jay Wood, ibid., p. 162.
27 Augustine, *Confessions* (London, UK: Penguin Classics, 1961 ed.), p. 21.
28 Hans Küng, *Credo* (London: SMC Press, transl. R.S. Pine-Coffin, 1993 ed.), p. 14.
29 Anny Matti, *Moeite met God* (Kampen, the Netherlands: J.H. Kok Uitgeversmaatschappij,1991), p. 48.
30 H. C. Rümke, *Karakter en Aanleg in Verband met het Ongeloof* (Kampen: Kok Agora, 2003 ed.).
31 Ibid., pp. 29-34.
32 Eugene H. Peterson. *The Message: The New Testament in Contemporary Language* (Colorado Springs, CO: Navpress, 1993), p. 471.
33 Plantinga, op. cit., 217-222.
34 Küng, op. cit., pp. 7-11.
35 Cf. the title of Nathan Brown's book. See p. 17.
36 Nathan Brown, op. cit., p. 13.
37 Küng, op. cit., p. 11.
38 John Calvin, one of the key leaders of sixteenth century Protestantism, used the term *sensus divinatis*, i.e. an inner awareness of the divine presence.
39 Rümke, op. cit., pp. 37f.
40 Published by William B. Eerdmans in Grand Rapids, MI, 2012.
41 C.S. Lewis, *The Problem of Pain* (Glasgow, UK: Collins, 1989 ed.), p. 86.

KAPITEL 7.
HVORFOR SKAL VI STADIG BLIVE I MENIGHEDEN?

1 Jonathan Haidt, *The Righteous Mind* (London, UK: Penguin, 2012), p. 285.

KAPITEL 8.
HVAD ER JEG NØDT TIL AT TRO PÅ?

1 This chapter contains material that was published in my weekly blogs (www.reinderbruinsma.com) of July 31, August 6, and August 13, 2015, and in a chapter that I wrote for a Festschrift for Dr Jon Dybdahl: 'Are all truths Truth? Some Thoughts on the Classification of Beliefs,' in: Rudi Maier, ed., *Encountering God in Life and Mission—A Festschrift Honoring Jon Dybdahl* (Berrien Springs, MI: Department of World Mission, Andrews University, 2010), pp. 173-188.
2 Albert Mohler, 'A Call for Theological Triage and Christian Maturity,' http://www.albertmohler.com/commentary_read.php?cdate=2004-05-20.
3 See Rolf J. Pöhler, *Continuity and Change in Christian Doctrine* (Frankfurt am Main: Peter Lang (Germany), 1999.
4 Fritz Guy, *Thinking Theologically: Adventist Christianity and the Interpretation of Faith* (Berrien Springs, MI: Andrews University Press, 1999), p. 87.
5 Among early authors who went to great lengths to provide historical credentials for 'new' Adventist doctrinal insights were John N. Andrews and Uriah Smith with their well-researched books on the Sabbath (Andrews) and on conditional immortality (Smith). Later, LeRoy E. Froom left as his *magnum opus* his 4-volume *Prophetic Faith of our Fathers*, which attempted to show how the 'new' prophetic

understandings of Adventism were mainly rediscoveries of interpretations that were held by many theologians and church leaders in previous centuries. This, he maintained, was also true of the Adventist rediscovery of a number of foundational Christian doctrines, such as the Trinity, and the full deity and eternity of Christ, to which he referred as the 'eternal verities.' The publication of the rather controversial book *Seventh-day Adventists Answer Questions on Doctrine* in 1953 offers further proof of the felt need to clarify some Adventist beliefs and to show that these beliefs, in fact, conformed to orthodox Christian dogma. Even today, however, many believe that this book did much more than this, i.e. that it signified a real substantial dogmatic reorientation.

6   George R. Knight, *A Search for Identity: The Development of Seventh-day Adventist Beliefs* (Hagerstown, MD: Review and Herald, 2000), p. 12.
7   Ellen G. White, *Counsels to Writers and Editors* (Nashville, TN: Southern Publishing Association, 1946), pp. 36, 37.
8   Ellen G. White, *Advent Review and Sabbath Herald*, 20 December 1892.
9   Gary Land, *Adventism in America* (Grand Rapids, MI: Wm. B. Eerdmans, 1986), p. 231.
10 See Reinder Bruinsma, 'Are all truths Truth? Some Thoughts on the Classification of Beliefs,' p. 180, where quotes are provided from various Ellen G. White sources: *Selected Messages*, vol. 2, pp. 104-107; *Counsels to Writers and Editors*, 1946, pp. 29-31, *The Great Controversy*, 1911, p. 409; See also Ellen G. White, *Manuscript 24*, November or December 1888, quoted in: George R. Knight, *From 1888 to Apostasy: The Case of A.T. Jones* (Hagerstown, MD: Review and Herald, 1987), p. 40.
11 Eric Claude Webster, *Crosscurrents in Adventist Theology* (Berrien Springs, MI: Andrews University Press, 1984), p. 150.
12 See *Church Manual*, 2015, pp. 45, 46.
13 A neologism inspired by the term bibliolatry that refers to worship of the Scriptures.
14 Bryan W. Ball, 'Towards an Authentic Adventist Identity,' in: B. Schantz and R. Bruinsma, eds., *Exploring the Frontiers of Faith—Festschrift for Jan Paulsen* (Lüneburg, Germany: Saatkorn Verlag, 2009), p. 67.
15 George R. Knight, 'Twenty-seven Fundamentals in Search of a Theology,' *Ministry*, February 2001), pp. 5-7.
16 George R. Knight, ed., *Seventh-day Adventists Answer Questions on Doctrine*, annotated edition, pp. 21-24.
17 See e.g. Robert C. Greer in his widely acclaimed book *Mapping Postmodernism: A Survey of Christian Options* (Downers Grove. IL: InterVarsity Press, 2003), pp. 172ff.
18 Woodrow II Whidden, *Ellen White on the Humanity of Christ* (Hagerstown, MD: Review and Herald, 1997), pp. 77-88.
19 Ibid, p. 80.
20 George R. Knight, 'Twenty-seven Fundamentals in Search of a Theology,' pp. 5-7.
21 Bryan W. Ball, op. cit., p. 58.
22 Robert C. Greer, op. cit., p. 174.
23 Alden Thompson, *Beyond Common Ground: Why Liberals and Conservatives Need Each Other* (Nampa, ID: Pacific Press, 2009), p. 121.
24 'Fritz Guy, *op. cit.*, p. 27.
25 Ibid., p. 29.
26 James Davison Hunter, 'Fundamentalism and Relativism Together': Reflections on Genealogy,' pp. 17-34, in: Peter L. Berger, ed. *Between Relativism and Fundamentalism: Religious Resources for a Middle Position* (Grand Rapids, MI: Wm. B. Eerdmans, 2010), p. 34.

27 Ibid., p. 32.
28 Ibid., p. 33.
29 Fritz Guy, op. cit., p. 92.

KAPITEL 9.
HVORDAN KLARER MAN SIN TVIVL?

1. Nathan Brown, op. cit., p. 38.
2. Ibid. p. 41.
3. Ibid.
4. Published by Maryknoll in New York, NY, 2002.
5. Ibid., back cover.
6. Os Guinness, 'Pilgrim at the Spaghetti Junction: An Evangelical Perspective on Relativism and Fundamentalism,' in: Peter L. Berger, ed., *Between Relativism and Fundamentalism* (Grand Rapids, MI: Wm. B. Eerdmans Publishing Company, 2010), p. 171.
7. Fritz Guy, op. cit., pp. 225-252.
8. The story of the conflict between William White and his family and the General Conference leaders is described in a meticulously researched book by Gilbert Valentine: *The Struggle for the Prophetic Heritage* (Muak Lek, Thailand: Institute Press, 2006).
9. A few of the many compilations are, e.g.: *Messages to Young People, Counsels on Diet and Food, Counsels on Sabbath School Work, Counsels to Writers and Editors.*
10. Ronald L. Numbers, *Prophetess of Health: A Study of Ellen G. White* (New York: Harper & Row, 1976).
11. Walter Rea, The White Lie (Turlock, CA: M & R Publications, 1982).
12. See: https://archive.org/stream/DonaldR.McadamsShiftingViewsOfInspirationEllenWhiteStudiesInThe/1980_mcadams_shiftingViewsOfInspiration_ellenWhiteStudiesInThe1970s_spectrum_v10_n4_27-41_djvu.txt
13. As, for instance George R. Knight with his popular books: *Walking with Ellen White* (Hagerstown: Review and Herald, 2000); and *Reading Ellen White* (Hagerstown: Review and Herald, 2001). Also Graeme Bradford, *Prophets are Human* (Warburton, Australia: Signs Publishing House, 2004) and *People are Human (Look what they did to Ellen White),* (Warburton, Australia: Signs Publishing House, 2006).
14. Gilbert M. Valentine, *The Prophet and the Presidents* (Nampa, ID: Pacific Press, 2011).
15. Terry Dopp Aamodt et. al., eds., *Ellen Harmon White: American Prophet* (New York, NY: Oxford University Press, 2014).
16. Merlin D. Burt, ed., *Understanding Ellen White* (Nampa, ID: Pacific Press, 2015).
17. Philip Yancey, *Prayer. Does it Make any Difference?* (Grand Rapids, MI: Zondervan, 2006), p. 209.
18. See p. 168.
19. Roy Adams, 'Sanctuary' in: Gary Chartier, ed.: *The Future of Adventism: Theology, Society. Experience* (Ann Arbor, MI: Griffin & Lash, Publishers, 2015), p. 143.
20. Ibid., p. 154.
21. 'Pilgrim at the Spaghetti Junction: An Evangelical Perspective on Relativism and Fundamentalism' in: Peter L. Berger, op. cit., pp. 164-179.
22. Reinder Bruinsma, *It's Time to Stop Rehearsing What We Believe and Start Looking at What Difference It Makes* (Nampa, ID: Pacific Press, 1996).

www.ingramcontent.com/pod-product-compliance
Lightning Source LLC
Chambersburg PA
CBHW050537300426
44113CB00012B/2148